Martin D. Caldwell

El Código Divino
Aeons y Cristianismo Esotérico

Título Original: The Divine Code – The Aeons and Esoteric Christianity
Copyright © 2025, publicado por Luiz Antonio dos Santos ME.
Este libro es una obra de no ficción que explora los principios del cristianismo esotérico y la cosmología de los Eones. A través de un enfoque profundo y detallado, el autor presenta una visión de la estructura espiritual del universo y su impacto en la experiencia humana.
1ª Edición
Equipo de Producción
Autor: Martin D. Caldwell
Editor: Luiz Santos
Portada: Studios Booklas / Alejandro Ruiz
Consultor: Esteban Morales
Investigadores: Carlos Vega / Sofía Martínez / Andrés López
Diagramación: Javier Fernández
Traducción: Mariana Ortega
Publicación e Identificación
El Código Divino – Aeons y Cristianismo Esotérico
Booklas, 2025
Categorías: Cristianismo Esotérico / Filosofía Religiosa
DDC: 230.09 | **CDU:** 27-1
Todos los derechos reservados a:
Luiz Antonio dos Santos ME / Booklas
Ninguna parte de este libro puede ser reproducida, almacenada en un sistema de recuperación o transmitida por ningún medio—electrónico, mecánico, fotocopia, grabación u otro—sin la autorización previa y expresa del titular de los derechos de autor.

Sumário

Índice Sistemático 5
Prólogo 10
Capítulo 1 Perspectiva Más Allá del Dogma 14
Capítulo 2 La Comprensión de los Eones 21
Capítulo 3 El Campo de Fuerzas Divinas 30
Capítulo 4 Inteligencias Cósmicas 39
Capítulo 5 Contexto Religioso y Filosófico 47
Capítulo 6 La Plenitud Divina 55
Capítulo 7 Jerarquía Aeónica 62
Capítulo 8 La Caída Cósmica 69
Capítulo 9 Cristo o Aeon Salvador 77
Capítulo 10 El Espíritu Santo, el Eón Femenino 84
Capítulo 11 Creación del Mundo Material 91
Capítulo 12 Funciones de los Eones 98
Capítulo 13 Eones y el Tiempo 105
Capítulo 14 Variaciones Eónicas 113
Capítulo 15 Críticas del Concepto 122
Capítulo 16 La Misión Redentora de Cristo 130
Capítulo 17 Cristo en la Jerarquía Aeónica 136
Capítulo 18 La Misión de Cristo en el Mundo Material 143
Capítulo 19 El Evangelio de la Verdad y el Eón Cristo 150
Capítulo 20 Las Enseñanzas Secretas del Eón Cristo 156
Capítulo 21 Cristo Eónico y Jesús Histórico 162
Capítulo 22 Camino al Conocimiento Salvífico 169

Capítulo 23 Retorno al Pleroma 176
Capítulo 24 El Sacrificio del Eón Cristo 183
Capítulo 25 Armonía y Cooperación en el Reino Divino 190
Capítulo 26 Práctica Espiritual Personal 197
Capítulo 27 Conocimiento de los Aeones 204
Capítulo 28 Guías en el Camino Espiritual 210
Capítulo 29 El Despertar a la Realidad Divina 217
Capítulo 30 Eones en la Espiritualidad Contemporánea 223
Capítulo 31 La Evolución Humana y el Cristianismo Esotérico
.... 229
Epílogo 236

Índice Sistemático

Capítulo 1: Perspectiva Más Allá del Dogma - Explora el cristianismo esotérico, contrastándolo con el exoterismo y destacando la importancia de la experiencia directa de lo divino y la interpretación simbólica de las escrituras.

Capítulo 2: La Comprensión de los Eones - Se centra en la cosmología gnóstica, describiendo a los Eones como emanaciones de la divinidad y su papel en la estructura espiritual del universo, incluyendo el Pleroma y la caída de Sophia.

Capítulo 3: El Campo de Fuerzas Divinas - Explora la cosmología gnóstica, presentando el universo como un campo de interacciones espirituales entre fuerzas divinas y manifestaciones de orden inferior, y el papel del ser humano en este drama cósmico.

Capítulo 4: Inteligencias Cósmicas - Describe a los Eones como inteligencias cósmicas que emanan de la Divinidad Suprema y estructuran el universo, actuando como mediadores entre lo divino y lo humano y guiando el despertar de la chispa divina.

Capítulo 5: Contexto Religioso y Filosófico - Explora las influencias filosóficas y religiosas en la formación del concepto de Eones, incluyendo el platonismo, neoplatonismo, judaísmo místico y las religiones de misterio en la Antigüedad Tardía.

Capítulo 6: La Plenitud Divina - Describe el Pleroma como la morada de la Divinidad Suprema, un reino de luz y plenitud habitado por los Eones, explicando el proceso de emanación y la naturaleza luminosa y espiritual de este reino.

Capítulo 7: Jerarquía Aeónica - Detalla la estructura jerárquica de los Eones en el Pleroma, incluyendo las familias Aeónicas (sizigias) y la función de cada Eón en el mantenimiento del orden divino.

Capítulo 8: La Caída Cósmica - Explora el mito de Sophia y su caída del Pleroma, un evento que desestabilizó el orden divino y resultó en la creación del mundo material, así como el papel de Cristo en la redención de Sophia.

Capítulo 9: Cristo o Aeon Salvador - Presenta a Cristo como un Eón salvador, emanado del Pleroma para redimir a la humanidad, destacando su naturaleza divina, su misión redentora y su mensaje de liberación espiritual.

Capítulo 10: El Espíritu Santo, el Eón Femenino - Explora el papel del Espíritu Santo como un Eón femenino en el gnosticismo, asociado a la creación, la vida y la inspiración divina, y su relación con Sophia y la Divinidad Suprema.

Capítulo 11: Creación del Mundo Material - Describe la creación del mundo material desde la perspectiva gnóstica, atribuyéndola al Demiurgo y explorando la dualidad entre espíritu y materia, así como el papel de los Eones en este proceso.

Capítulo 12: Funciones de los Eones - Detalla las diversas funciones de los Eones, incluyendo la organización cósmica, la evolución de la conciencia y la redención de la humanidad, resaltando su papel como intermediarios entre lo divino y lo humano.

Capítulo 13: Eones y el Tiempo - Examina la relación entre los Eones y el tiempo, contrastando la eternidad del Pleroma con la percepción lineal del tiempo en el mundo material, y el papel de la Gnosis en la trascendencia de las limitaciones temporales.

Capítulo 14: Variaciones Eónicas - Compara las diferentes concepciones y organizaciones de los Eones en los sistemas gnósticos, incluyendo el valentiniano y el setiano, resaltando la diversidad y riqueza del pensamiento gnóstico.

Capítulo 15: Críticas del Concepto - Presenta las críticas históricas al concepto de Eones, originadas en el cristianismo ortodoxo, y las reinterpretaciones modernas en la filosofía, psicología y espiritualidad contemporánea.

Capítulo 16: La Misión Redentora de Cristo - Profundiza en la misión de Cristo como Eón Salvador, destacando su papel como emanación divina que trae la luz y el conocimiento salvador al mundo material para redimir a la humanidad.

Capítulo 17: Cristo en la Jerarquía Aeónica - Analiza la posición de Cristo dentro de la jerarquía de los Eones en el Pleroma, discutiendo las diferentes perspectivas sobre su superioridad o igualdad en relación con otros seres divinos.

Capítulo 18: La Misión de Cristo en el Mundo Material - Examina la misión de Cristo en el mundo material, enfocándose en su papel como revelador de la Gnosis y despertador de la conciencia espiritual, y cómo su presencia redentora se manifiesta en la realidad humana.

Capítulo 19: El Evangelio de la Verdad y el Eón Cristo - Analiza el Evangelio de la Verdad como una expresión de la misión del Eón Cristo, destacando su papel como portador de la luz y la Gnosis, y su mensaje de amor y reconciliación.

Capítulo 20: Las Enseñanzas Secretas del Eón Cristo - Explora las enseñanzas secretas del Eón Cristo, preservadas en obras como el Evangelio de Tomás, que revelan un conocimiento primordial capaz de guiar al buscador al reconocimiento de su identidad divina.

Capítulo 21: Cristo Eónico y Jesús Histórico - Diferencia y relaciona el Cristo Eónico con el Jesús Histórico, presentando una visión integradora que armoniza la experiencia concreta de Jesús con la realidad arquetípica de Cristo como principio divino universal.

Capítulo 22: Camino al Conocimiento Salvífico - Describe el camino hacia el conocimiento salvífico (Gnosis) en el cristianismo esotérico, enfatizando la importancia del Cristo Aeónico como revelador de la Gnosis y la transformación interior que esta conlleva.

Capítulo 23: Retorno al Pleroma - Aborda el concepto de retorno al Pleroma, el objetivo final del viaje espiritual en el cristianismo esotérico, describiendo la redención como un proceso de liberación del mundo material y reintegración a la plenitud divina.

Capítulo 24: El Sacrificio del Eón Cristo - Reinterpreta el sacrificio de Cristo desde la perspectiva esotérica, viéndolo no como una expiación vicaria, sino como un acto de amor y condescendencia divina al descender al mundo material para redimir a la humanidad.

Capítulo 25: Armonía y Cooperación en el Reino Divino - Describe la armonía y cooperación entre los Eones en el Pleroma, resaltando la unidad en la diversidad y la actuación conjunta de la comunidad Aeónica para el bien de la creación y la redención de la humanidad.

Capítulo 26: Práctica Espiritual - Explora la evolución de la conciencia humana desde la perspectiva del cristianismo esotérico, comprendiéndola como un movimiento cósmico de retorno al origen divino y de transformación de la conciencia.

Capítulo 32Conclusión - Recapitula los principales temas abordados en el libro, reforzando la importancia del estudio de los Eones y del cristianismo esotérico para la comprensión de la espiritualidad humana y la búsqueda de la Gnosis.

Epílogo - Presenta una reflexión final sobre la jornada espiritual, invitando al lector a continuar su camino de autoconocimiento y conexión con lo divino, recordando la importancia de la experiencia directa y del despertar de la conciencia.

Prólogo

Existen conocimientos tan antiguos y esenciales que su mera existencia amenaza los cimientos del mundo visible. Son fragmentos de una verdad primigenia, cuyas raíces se entrelazan con las corrientes ocultas de la propia historia espiritual de la humanidad. Entre estas reliquias inmateriales, un concepto resurge —silenciado por siglos, oculto por velos de dogmas y olvidos— y ahora, por primera vez, revelado con claridad y profundidad. Permítete despertar a los Aeons, los hilos invisibles que sostienen la multiplicidad del universo, las inteligencias divinas que anteceden a la materia y trascienden la comprensión lineal del tiempo.

Lo que estás a punto de leer no es solo una obra; es una llave. Cada palabra, cada concepto revelado, abre un portal a un universo oculto, enterrado bajo capas de doctrinas, persecuciones y narrativas censuradas. Los Aeons —emanaciones de la fuente divina suprema— son la memoria viva del cosmos, una red luminosa que conecta cada ser a la origen trascendente. No son mitos, ni símbolos distantes. Ellos habitan la estructura de la realidad y han pulsado, desde siempre, en el núcleo de tu conciencia olvidada.

Desde los primeros siglos de la era cristiana, voces audaces susurraban sobre estos guardianes cósmicos. Maestros espirituales y místicos silenciosos los conocían, no como abstracciones teológicas, sino como presencias vivas, fuerzas ordenadoras que moldean no solo los mundos invisibles, sino también los destinos humanos. Estos maestros sabían que el verdadero conocimiento solo podría ser alcanzado cuando el individuo reconociera su propia chispa divina —una chispa cuya origen está entrelazada con los propios Aeons.

En el corazón de los antiguos círculos gnósticos, los Aeons eran reverenciados como portales vivos entre lo divino y lo humano. Forman una cadena dorada de sabiduría y luz, una jerarquía luminosa que desciende en espiral desde la fuente primordial hasta los rincones más distantes de la creación material. Cada Aeon carga un nombre sagrado, una vibración única y una función cósmica, preservando la armonía universal y guiando almas en su jornada de retorno. Comprender los Aeons es desvelar el mapa oculto del cosmos y del alma humana.

Sin embargo, esta sabiduría fue condenada al silencio. Con la consolidación del cristianismo dogmático y el fortalecimiento de la Iglesia institucional, todo lo que ofrecía al individuo acceso directo a lo divino se volvió peligroso y hereje. El concepto de Aeons fue arrancado de los textos sagrados, relegado a los apócrifos y sepultado en bibliotecas secretas y códices enterrados en desiertos olvidados. Los grandes concilios eclesiásticos, al establecer un Dios distante y autoritario, negaron al hombre el derecho de recordar su linaje sagrado y su conexión directa con los agentes de la creación.

Este libro rescata lo que el tiempo y el poder intentaron obliterar. Aquí, no encontrarás explicaciones superficiales o doctrinas simplificadas. Lo que se presenta ante tus ojos es una revelación —una reconstrucción del conocimiento integral, místico y cósmico que pulsa en las entrelíneas de los evangelios rechazados, en los ecos de las tradiciones herméticas y en los murmullos preservados por los iniciados de la antigua sabiduría.

Cada página es un llamado al recuerdo. Al comprender los Aeons, no solo lees sobre ellos; los reconoces dentro de ti. No son solo fuerzas exteriores —son extensiones de tu propia esencia, fragmentos de la inteligencia divina que habita tu espíritu adormecido. Cada Aeon resuena en tu alma como un recuerdo olvidado, una nota perdida de la sinfonía original que compone tu verdadera identidad espiritual.

Has sido condicionado a creer que tu fe debería ser mediada, tu conexión con lo divino filtrada por dogmas y autoridades exteriores. Esta mentira, sostenida por siglos, se disolverá ante tus ojos conforme avances por estas páginas. Aquí, cada concepto no es solo explicado —es devuelto a ti. Comprenderás que tu alma no es una súbdita, sino una heredera; que tu búsqueda espiritual no es una sumisión, sino una recuperación de aquello que siempre te ha pertenecido: la conexión directa con las esferas superiores, con los Aeons, y con la plenitud divina de la cual eres parte inseparable.

Permítete la experiencia transformadora de recordar. Sumérgete en las raíces olvidadas del cristianismo esotérico, donde lo sagrado es vivo y accesible, donde los símbolos son portales y donde la experiencia mística es la verdadera llave de la redención. Ábrete a la incomodidad de reaprender, de cuestionar los cimientos sobre los cuales tu espiritualidad fue construida, y deja que la memoria de los Aeons reconstruya tu camino interior.

Lo que sostienes ahora no es solo un libro —es un espejo. Al mirar a través de él, verás no solo el universo oculto, sino también el rostro olvidado de tu propia alma. Eres un fragmento de la luz primordial, una partícula viva del Pleroma. Y los Aeons, esos maestros silenciosos, extienden sus manos luminosas para guiarte de vuelta a la plenitud.

Que esta lectura no sea solo informativa, sino iniciática. Que al cruzar el umbral de estas páginas, no solo aprendas —sino que despiertes. Pues el llamado de los Aeons resuena en cada alma que osa recordar. Y ahora, ese llamado es tuyo.

Luiz Santos Editor

Capítulo 1
Perspectiva Más Allá del Dogma

El cristianismo esotérico se revela como una dimensión profunda y transformadora de la fe cristiana, yendo más allá de las interpretaciones convencionales y dogmáticas para explorar los aspectos más internos y simbólicos de la tradición cristiana. Mientras que el cristianismo institucionalizado a menudo enfatiza la adhesión a doctrinas establecidas y prácticas rituales accesibles a todos los fieles, el cristianismo esotérico se dirige a aquellos que buscan una comprensión más íntima y mística de lo sagrado. Este camino no pretende negar o contradecir la fe tradicional, sino ampliarla, ofreciendo una visión que trasciende la superficie de las escrituras y de las enseñanzas religiosas para alcanzar su esencia más profunda. Así, su enfoque no se basa exclusivamente en la creencia dogmática, sino en la experiencia directa de lo divino, en la interpretación simbólica de los textos sagrados y en la práctica espiritual orientada al despertar interior. La distinción entre exoterismo y esoterismo en el cristianismo no implica una división rígida o excluyente, sino que refleja diferentes niveles de comprensión y profundización de la fe, posibilitando que aquellos que sienten un llamado a la búsqueda interior encuentren un camino de expansión e iluminación espiritual.

Desde los primeros tiempos de la era cristiana, corrientes esotéricas surgieron como parte del desarrollo de la tradición cristiana, manifestándose en diversas formas e influencias. Entre los primeros cristianos, había comunidades que entendían el mensaje de Cristo no solo como una enseñanza moral y ética, sino como una invitación a la transformación de la conciencia y a la unión mística con Dios. Movimientos como el gnosticismo cristiano, los escritos herméticos y las tradiciones místicas monásticas fueron algunas de las expresiones de esta búsqueda por el conocimiento oculto y por la experiencia espiritual directa. El enfoque esotérico del cristianismo siempre ha estado presente a lo largo de la historia, aunque muchas veces haya sido marginado o reprimido por instituciones religiosas que temían su énfasis en la autonomía espiritual y en la revelación personal. Sin embargo, su legado permanece vivo, influenciando a pensadores, místicos y buscadores espirituales que reconocen en la fe cristiana no solo un sistema de creencias, sino un camino de transformación interior y realización divina.

El cristianismo esotérico se fundamenta en la convicción de que las escrituras y las enseñanzas de Cristo contienen múltiples niveles de significado, que van más allá de la lectura literal y dogmática. Las parábolas, los símbolos y los eventos narrados en la Biblia son considerados portales hacia verdades espirituales ocultas, accesibles a aquellos que desarrollan el discernimiento y la sensibilidad interior necesarios para comprenderlas. La búsqueda esotérica cristiana no se limita al estudio intelectual, sino que involucra prácticas contemplativas, meditación, oración profunda y disciplinas espirituales que ayudan en la elevación de la conciencia y en la conexión directa con lo divino. Al adoptar esta perspectiva, el cristianismo esotérico rescata la tradición mística del cristianismo, ofreciendo un enfoque que enfatiza la experiencia personal y la vivencia espiritual auténtica. En un mundo donde la espiritualidad a menudo se pierde en formalismos y superficialidades, esta tradición invita al buscador a sumergirse en las profundidades de la fe, redescubriendo su riqueza, su profundidad y su potencial transformador.

El exoterismo, en su sentido más amplio, se refiere al conocimiento que es público, accesible a todos y destinado a la masa general de los fieles. En el contexto del cristianismo, el exoterismo se manifiesta en las doctrinas y prácticas comunes, en las enseñanzas transmitidas abiertamente por las instituciones religiosas y en las interpretaciones literales de las escrituras sagradas. El énfasis recae sobre la adhesión a un conjunto de creencias establecidas, la participación en rituales comunitarios y la obediencia a preceptos morales prescritos. El cristianismo exotérico, por lo tanto, prioriza la fe dogmática, la conformidad doctrinal y la conducta ética dentro de los límites definidos por la tradición religiosa establecida.

En contrapartida, el esoterismo se refiere al conocimiento que es considerado oculto, reservado a un círculo restringido de iniciados o buscadores espirituales más avanzados. Este conocimiento esotérico no es necesariamente secreto en el sentido de ser prohibido o prohibitivo, sino en el sentido de que su comprensión requiere un nivel de discernimiento, experiencia y preparación interior que no todos poseen o buscan desarrollar. En el cristianismo, el esoterismo busca desvelar los significados simbólicos y alegóricos de las escrituras, explorar las dimensiones místicas de la experiencia religiosa y desvelar los misterios subyacentes a la fe cristiana. El cristianismo esotérico, por lo tanto, enfatiza la experiencia mística personal, la búsqueda interior de la verdad espiritual y la transformación de la conciencia a través del conocimiento y la práctica esotérica.

Es importante resaltar que la distinción entre cristianismo exotérico y esotérico no implica una jerarquía de valor o una oposición irreconciliable. Ambos enfoques pueden coexistir e incluso complementarse en la jornada espiritual de un individuo. El cristianismo exotérico ofrece una estructura fundamental de creencias, rituales y valores que pueden servir como un punto de partida y un apoyo comunitario para muchos. Por su parte, el cristianismo esotérico ofrece un camino de profundización e interiorización para aquellos que sienten un llamado a explorar las dimensiones más profundas y misteriosas de la fe.

El cristianismo esotérico no se limita a una única denominación o escuela de pensamiento. A lo largo de la historia del cristianismo, diversas corrientes esotéricas emergieron, manifestándose en diferentes formas y expresiones. Algunas de estas corrientes enfatizan la tradición mística occidental, buscando conexiones con la cábala cristiana, la alquimia espiritual y el hermetismo. Otras corrientes se inspiran en las fuentes gnósticas y en los textos apócrifos, buscando rescatar una visión más amplia y compleja de la cosmología y la soteriología cristiana. Otras corrientes se concentran en la práctica de la oración contemplativa, de la meditación y de otras disciplinas espirituales que buscan cultivar la experiencia directa de Dios y la unión mística con lo divino.

Independientemente de sus particularidades, todas las formas de cristianismo esotérico comparten algunas características comunes. Primeramente, todas enfatizan la importancia de la experiencia personal y directa de Dios, por encima de la adhesión ciega a dogmas o de la mera observancia de rituales externos. La fe esotérica no es meramente una creencia intelectual o una convención social, sino una búsqueda viva y transformadora de la presencia divina en lo íntimo del ser.

En segundo lugar, el cristianismo esotérico valora la interpretación simbólica y alegórica de las escrituras. Las narrativas bíblicas no son vistas solo como relatos históricos o mandamientos morales, sino como vehículos de enseñanzas espirituales más profundas, que pueden ser desveladas a través de la intuición, de la contemplación y del estudio esotérico. Los símbolos y metáforas presentes en las escrituras son considerados llaves para acceder a capas más sutiles de significado y para despertar la comprensión espiritual.

En tercer lugar, el cristianismo esotérico reconoce la existencia de una dimensión oculta o misteriosa en la realidad, que trasciende el mundo material y sensible. Esta dimensión misteriosa es vista como la fuente de la vida, de la conciencia y de la espiritualidad, y como el verdadero hogar del alma humana. La búsqueda esotérica pretende desvelar este misterio y reconectar el alma humana con su origen divino.

En cuarto lugar, el cristianismo esotérico frecuentemente incorpora prácticas espirituales específicas, como la meditación, la oración contemplativa, la visualización creativa y otras técnicas que ayudan a la interiorización, a la expansión de la conciencia y a la experiencia mística. Estas prácticas son vistas como herramientas para refinar la percepción, silenciar la mente racional y abrirse a la intuición y a la inspiración divina.

En el contexto actual, el estudio del cristianismo esotérico asume una relevancia particular. En un mundo cada vez más secularizado y materialista, muchas personas sienten un anhelo por una espiritualidad más profunda y significativa, que vaya más allá de las formas superficiales y dogmáticas de la religión convencional. El cristianismo esotérico ofrece un camino para satisfacer este anhelo, proporcionando una visión más rica, compleja y transformadora de la fe cristiana.

Además, el estudio del cristianismo esotérico puede contribuir a un diálogo más amplio y ecuménico entre diferentes tradiciones espirituales y religiosas. Al explorar los principios universales subyacentes a las diversas manifestaciones del esoterismo cristiano, podemos descubrir puntos de convergencia y de comprensión mutua con otras corrientes de pensamiento místico y esotérico, tanto dentro como fuera del cristianismo.

El cristianismo esotérico también puede desempeñar un papel importante en la revitalización de la fe cristiana frente a los desafíos contemporáneos. Al rescatar las dimensiones místicas y contemplativas de la tradición cristiana, el esoterismo puede ofrecer una respuesta a la crisis de sentido y a la búsqueda de autenticidad espiritual que marcan nuestra época. Al enfatizar la experiencia personal y la transformación interior, el cristianismo esotérico puede hacer que la fe cristiana sea más relevante, vibrante y significativa para los individuos y para la sociedad en su conjunto.

Explorar el cristianismo esotérico es, por lo tanto, embarcarse en una jornada fascinante y transformadora hacia el corazón de la fe cristiana. Es abrirse a una perspectiva que desafía las fronteras del dogma, que valora la experiencia por encima de la creencia, y que nos invita a descubrir la dimensión misteriosa y divina que reside en nuestro propio interior y en todas las cosas. Al sumergirse en las profundidades del cristianismo esotérico, podemos redescubrir la riqueza y la profundidad del mensaje cristiano de una manera nueva y revitalizante, encontrando un camino de crecimiento espiritual, de autoconocimiento y de unión con lo divino.

Capítulo 2
La Comprensión de los Eones

La comprensión de los Eones en el contexto del cristianismo esotérico emerge como un elemento central para desentrañar la compleja red de relaciones entre la divinidad primordial, el cosmos y el alma humana. Lejos de la visión simplificada de un Dios único y personal que actúa directamente sobre la creación y la historia, el cristianismo esotérico describe una realidad multifacética, donde lo divino se despliega en una secuencia de emanaciones espirituales que estructuran tanto el universo visible como las dimensiones ocultas de la existencia. Estas emanaciones, conocidas como Eones, configuran una cadena jerárquica de inteligencias espirituales que, a lo largo de sucesivas generaciones, sostienen el orden cósmico y preservan la conexión entre la fuente trascendente y las esferas inferiores de la creación. Cada Eón expresa una cualidad o atributo esencial de la divinidad suprema, como verdad, sabiduría, luz y amor, funcionando como canales por los cuales la conciencia divina permea y anima todas las cosas. La existencia y la función de estos seres no son especulaciones periféricas o meras abstracciones teológicas; ellas constituyen la propia espina dorsal de la cosmología gnóstica y de la búsqueda espiritual propuesta por esta tradición, donde la ascensión del alma y su reintegración a lo divino pasan necesariamente por el reconocimiento y por la interacción consciente con estas potencias espirituales.

Al contrario de la concepción de un Dios creador que moldea el mundo ex nihilo por un acto voluntario y soberano, el cristianismo esotérico describe la manifestación del universo como un proceso de desdoblamiento interno de la propia divinidad. Dentro de este modelo, el Pleroma —la plenitud divina— alberga todos los Eones, seres que emergen progresivamente de la fuente original, cada cual reflejando un aspecto específico del infinito divino. Este proceso de emanación, lejos de ser arbitrario, obedece a un orden intrínseco, donde cada nuevo Eón surge como consecuencia de la relación dinámica entre los que lo precedieron. Este encadenamiento de inteligencias espirituales forma una corriente ininterrumpida entre lo inefable y lo manifiesto, entre lo que trasciende toda forma y lo que se torna discernible a los sentidos y a la mente. Esta jerarquía espiritual no es una simple descripción mitológica, sino un mapa simbólico que orienta al buscador en el camino de la ascensión espiritual. Al comprender y reconocer la presencia de los Eones, el adepto pasa a percibir la realidad no como un campo de fuerzas caóticas o desconectadas, sino como una tela viva de inteligencias espirituales que sostienen el orden universal y participan activamente del drama cósmico de la redención y del retorno a la unidad primordial.

La función de los Eones no se limita a la preservación del orden cósmico; ellos son también los guardianes del conocimiento espiritual y los mediadores entre la humanidad y lo divino. Cada Eón, al emanar de la fuente, carga en sí una parcela de la Gnosis primordial —el conocimiento profundo y directo de la verdadera naturaleza del ser y de la realidad—. Este conocimiento, sin embargo, se encuentra obscurecido por el surgimiento del mundo material, un dominio separado del Pleroma, marcado por imperfecciones e ilusiones. La tradición gnóstica frecuentemente retrata este distanciamiento como resultado de una falla cósmica, asociada a la figura de Sofía, cuya emanación desequilibrada da origen al Demiurgo —el creador imperfecto del mundo físico—. Aun así, incluso en este contexto de alejamiento y olvido, los Eones permanecen activos, arrojando luces sobre el camino oculto que conduce el alma de vuelta a su verdadero hogar. A lo largo de textos apócrifos y tratados gnósticos, Cristo es frecuentemente descrito como un Eón redentor, aquel que desciende a las regiones inferiores no solo para enseñar, sino para despertar, dentro de cada ser humano, la memoria adormecida de su origen espiritual. Así, comprender los Eones y establecer un vínculo consciente con ellos representa mucho más que un ejercicio intelectual; es un acto de reconexión ontológica, una retomada del hilo perdido que une el alma a lo divino. En este proceso, la cosmología esotérica se convierte en espiritualidad práctica, donde conocer es transformarse y recordar es liberarse.

El concepto de Eones se encuentra ampliamente documentado en los textos gnósticos descubiertos en la biblioteca de Nag Hammadi y en los Evangelios Apócrifos, fuentes que revelan una visión alternativa del cristianismo primitivo. Estos escritos no solo describen la genealogía de los Eones y su función en el orden universal, sino que también enfatizan la cisura entre el mundo material y el mundo espiritual. De acuerdo con esta tradición, el universo físico no es la creación directa de la divinidad suprema, sino el resultado de un distanciamiento o caída de uno de los Eones, frecuentemente identificado con Sofía (Sabiduría). Este error cósmico lleva al surgimiento del Demiurgo, una entidad imperfecta que moldea el mundo material e impone sobre él un velo de ignorancia e ilusión. A partir de esta cosmología, la condición humana es vista como un estado de aprisionamiento espiritual, donde la materia y las limitaciones impuestas por el tiempo y el espacio alejan el alma de su verdadero origen. Así, la comprensión de los Eones se torna fundamental para la jornada de la redención, pues son estas entidades las que, a través de la emanación de Cristo como un Eón redentor, ofrecen a la humanidad el camino para trascender el mundo físico y retornar al Pleroma.

El estudio de los Eones en el cristianismo esotérico no se limita a la especulación teológica, sino que tiene implicaciones directas en la espiritualidad y en la práctica de la búsqueda interior. La revelación de estos seres como intermediarios entre lo humano y lo divino sugiere un modelo de ascensión espiritual basado en el despertar de la conciencia y en la reintegración con los principios superiores de la existencia. Diferentes tradiciones gnósticas proponen métodos diversos para alcanzar esta reintegración, incluyendo rituales de iniciación, prácticas contemplativas y la decodificación simbólica de las escrituras. En esencia, el conocimiento de los Eones no es solo una llave para entender la estructura del cosmos, sino una vía para la liberación personal, donde el buscador, al reconocer su origen divino, rompe con los grilletes de la ignorancia y se reconecta con la totalidad espiritual. Al traer esta perspectiva a la luz, el cristianismo esotérico amplía la comprensión de lo sagrado, ofreciendo un camino que va más allá de la fe convencional y se adentra en los dominios del conocimiento místico y de la transformación interior.

Inicialmente, es fundamental definir qué se entiende por Evangelios Apócrifos. El término "apócrifo", derivado del griego "apokryphos" (oculto, secreto), históricamente designó escritos de origen religioso cuya autenticidad o canonicidad era cuestionada por las autoridades eclesiásticas. En el contexto del cristianismo primitivo, diversos textos fueron producidos que narraban la vida de Jesús, sus enseñanzas y los eventos relacionados con los apóstoles, paralelamente a los Evangelios canónicos de Mateo, Marcos, Lucas y Juan. Estos textos, denominados Evangelios Apócrifos, abarcan una variedad de géneros literarios y perspectivas teológicas, reflejando la diversidad y la efervescencia del pensamiento religioso en los primeros siglos de la era cristiana.

Es importante resaltar que la designación de "apócrifo" no implica necesariamente que estos evangelios sean falsos, heréticos o desprovistos de valor espiritual. En muchos casos, la exclusión de estos textos del canon bíblico fue motivada por criterios históricos, teológicos y políticos complejos, relacionados con la consolidación del poder eclesiástico y la definición de la ortodoxia doctrinaria. Sin embargo, los Evangelios Apócrifos preservan tradiciones y visiones que, si bien no fueron incorporadas al canon oficial, ofrecen insights valiosos sobre la historia del cristianismo primitivo y la evolución de las ideas religiosas de la época. Dentro de la vasta gama de evangelios apócrifos, algunos se destacan por su relevancia para el estudio de los Eones, como el Evangelio de Tomás, el Evangelio de Felipe, el Proto-Evangelio de Santiago y el Evangelio de Pedro.

El descubrimiento de la biblioteca de Nag Hammadi, en 1945, representó un hito fundamental para la comprensión del cristianismo esotérico y, en particular, para el estudio de los Eones. Nag Hammadi es el nombre de una localidad en el Alto Egipto, donde un campesino encontró, por casualidad, un conjunto de códices antiguos enterrados en una jarra de barro. Estos códices, escritos en lengua copta, contenían una colección de textos de naturaleza religiosa y filosófica, datados de los siglos III y IV d.C. La biblioteca de Nag Hammadi incluye una variedad de obras, abarcando evangelios, actos, epístolas, apocalipsis y tratados, muchos de los cuales pertenecen a la tradición gnóstica.

La importancia del descubrimiento de Nag Hammadi reside en el hecho de que estos textos ofrecen acceso directo a una forma de cristianismo primitivo que había sido ampliamente marginada y obscurecida por la historia. Antes de Nag Hammadi, el conocimiento sobre el gnosticismo era principalmente derivado de relatos polémicos y fragmentarios de autores cristianos ortodoxos, que frecuentemente distorsionaban y caricaturizaban las ideas gnósticas para refutarlas. Los códices de Nag Hammadi, por su parte, proveen los propios textos gnósticos, permitiendo que los estudiosos y buscadores espirituales accedan a las fuentes primarias y comprendan el gnosticismo en sus propios términos.

Dentro de la biblioteca de Nag Hammadi, diversos textos se destacan por su relevancia para el estudio de los Eones. El Apócrifo de Juan, por ejemplo, presenta una cosmología gnóstica detallada, describiendo la emanación de los Eones a partir de la Mónada divina, la creación del cosmos material por el Demiurgo imperfecto y el papel de los Eones en la redención de la humanidad. El Evangelio de la Verdad, otro texto fundamental de Nag Hammadi, ofrece una meditación poética y profunda sobre el Eón Cristo como revelador de la Gnosis y guía para el retorno al Pleroma, la morada divina de los Eones. El Tratado Tripartito explora la jerarquía y las funciones de los Eones de manera sistemática, detallando sus relaciones y sus contribuciones al orden cósmico. El Evangelio de Felipe, por su parte, presenta reflexiones sobre los sacramentos y las prácticas gnósticas, utilizando un lenguaje simbólico rico en referencias a los Eones.

Al estudiar los Evangelios Apócrifos y los textos de Nag Hammadi, es crucial abordar estas fuentes con una mirada atenta y discernimiento crítico. Es importante reconocer que estos textos reflejan una diversidad de perspectivas e interpretaciones, y que no todos ellos presentan una visión unívoca o coherente sobre los Eones. Algunos textos enfatizan la naturaleza trascendente e inefable de los Eones, mientras que otros se concentran en sus funciones cósmicas y soteriológicas. Algunos textos describen jerarquías complejas de Eones, mientras que otros presentan listas más simples o se enfocan en Eones específicos.

A pesar de esta diversidad, es posible identificar algunos temas e ideas recurrentes en los textos apócrifos y de Nag Hammadi en relación con los Eones. En general, los Eones son descritos como emanaciones de la Divinidad Suprema, inteligencias cósmicas y fuerzas organizadoras que participan de la creación y del mantenimiento del cosmos. Ellos son vistos como intermediarios entre el mundo trascendente y el mundo material, actuando como agentes de la voluntad divina y mediadores de la revelación y de la redención. Cristo, en muchos textos gnósticos, es identificado como un Eón prominente, enviado al mundo material para despertar a la humanidad a la Gnosis y guiarla de vuelta a su origen divino.

Por lo tanto, los Evangelios Apócrifos y la biblioteca de Nag Hammadi representan fuentes primarias indispensables para la comprensión del concepto de los Eones dentro del cristianismo esotérico. Estos textos nos invitan a explorar una visión más amplia y profunda de la fe cristiana, que reconoce la existencia de una jerarquía de seres espirituales que participan de la organización del cosmos y de la evolución de la humanidad. Al sumergirnos en estas fuentes, podemos enriquecer nuestra comprensión de la cosmología, de la soteriología y de la espiritualidad cristiana, y descubrir dimensiones ocultas y fascinantes de la tradición religiosa occidental. La jornada a través de los Evangelios Apócrifos y de Nag Hammadi es una invitación a expandir nuestra visión de mundo y a redescubrir la riqueza y la complejidad del legado cristiano esotérico.

Capítulo 3
El Campo de Fuerzas Divinas

La cosmología gnóstica revela el universo como un vasto e intrincado campo de interacciones espirituales, donde fuerzas de naturaleza divina y manifestaciones de orden inferior coexisten en una tensión dinámica, moldeando tanto la estructura oculta de la realidad como la experiencia humana en el mundo material. Esta visión ofrece una comprensión profundamente diferenciada del cosmos, al presentar la existencia no como una creación lineal y ordenada por un Dios personal y soberano, sino como el resultado de un proceso continuo de emanaciones espirituales, donde cada nivel de realidad surge como desdoblamiento de un principio anterior, progresivamente más distante de la fuente suprema. Este proceso de emanación, lejos de ser solo una secuencia cronológica de eventos, refleja una arquitectura cósmica en que cada capa de existencia, del Pleroma luminoso al mundo material denso, lleva en sí vestigios de la esencia divina, aunque velados por capas de olvido, limitación y distorsión. En este campo vibrante de fuerzas espirituales, los Aeons representan potencias activas, entidades que canalizan aspectos específicos de la divinidad primordial, configurándose como arquetipos vivos que sostienen el orden cósmico, mientras que el Demiurgo y sus huestes representan fuerzas de cierre, aprisionamiento e ilusión, que cristalizan la materia y oscurecen la memoria de la verdadera origen espiritual de la humanidad.

La interacción entre estas fuerzas no es un conflicto maniqueísta de bien contra mal en su concepción simplista, sino una tensión estructural que permea la totalidad de la existencia y se refleja directamente en la condición humana. El ser humano, en la perspectiva gnóstica, es la encarnación de esa tensión cósmica, pues lleva en su constitución una chispa divina —la porción más íntima e inalienable del Pleroma— aprisionada en un cuerpo material moldeado por las fuerzas inferiores del Demiurgo. La existencia humana, por lo tanto, trasciende la simple experiencia sensorial y psicológica; ella es la escenificación de un drama espiritual, donde cada elección, cada despertar, cada percepción ampliada sobre la propia naturaleza refleja una batalla invisible entre las fuerzas luminosas del Pleroma y las fuerzas limitadoras de la materia. En este escenario, el campo de fuerzas divinas no es solo un telón de fondo cósmico, sino una realidad interna y externa que se entrelaza con el destino individual de cada alma, tornando la búsqueda espiritual por conocimiento y liberación no solo una posibilidad filosófica, sino una necesidad existencial para restaurar la unidad primordial rota.

Al mismo tiempo, este campo de fuerzas divinas opera como una estructura pedagógica del propio cosmos, donde cada aspecto de la realidad —de los fenómenos naturales a las intuiciones más profundas del alma— puede servir como símbolo o señal de un proceso mayor de retorno a lo divino. Las fuerzas espirituales luminosas, aunque oscurecidas y fragmentadas en el mundo material, nunca cesan de emitir señales e invitaciones al alma humana, animándola a recordar su verdadera origen y a reconocerse como heredera legítima del Pleroma. Por eso, el despertar espiritual no es un evento externo, causado por alguna intervención sobrenatural arbitraria, sino un desdoblamiento interno, un alineamiento gradual entre la conciencia individual y el flujo divino que permea el cosmos. En este contexto, la Gnosis surge no solo como conocimiento esotérico reservado a pocos, sino como la memoria viva del alma sobre su propia identidad divina, un recuerdo restaurado que disuelve la ilusión de la separación y revela el universo entero como un campo sagrado de reconciliación, donde luz y sombra, espíritu y materia, conciencia y olvido, participan de un único y grandioso movimiento de retorno a la unidad perdida.

Esta concepción cósmica enfatiza la dualidad fundamental entre espíritu y materia, donde la realidad material es percibida como un reflejo distorsionado de la verdadera esencia espiritual. La materia, frecuentemente asociada al Demiurgo, es descrita como un dominio de ilusión y aprisionamiento, un campo donde la chispa divina presente en la humanidad permanece oculta bajo capas de ignorancia. Sin embargo, el mundo material no está completamente aislado de lo divino; está permeado por fuerzas espirituales que pueden servir como puentes para la redención. Los Aeons, en este sentido, funcionan como intermediarios entre la humanidad y la plenitud divina, operando como canales a través de los cuales la conciencia puede despertar a su verdadera origen. Esta estructura cósmica sugiere que la salvación no ocurre por medio de creencias dogmáticas u obediencia a normas exteriores, sino por el reconocimiento y activación de la chispa divina interior, un proceso que conduce al retorno a la fuente primordial de la existencia.

Dentro de esta visión, el campo de fuerzas divinas no se restringe a una lucha entre bien y mal en términos morales simplistas, sino que representa una jornada de reintegración y autoconocimiento. La humanidad, al reconocer su naturaleza espiritual, pasa a desempeñar un papel activo en la recomposición del orden cósmico, trascendiendo la ilusión de la separación y restaurando su conexión con lo divino. Este proceso es facilitado por la Gnosis, el conocimiento trascendental que permite al alma navegar entre las fuerzas espirituales que moldean la realidad, discerniendo lo que conduce a la liberación y lo que mantiene al ser aprisionado en la materialidad. Así, la cosmología gnóstica ofrece una perspectiva profunda y transformadora sobre el universo y el papel del ser humano dentro de él, destacando la importancia del despertar espiritual como el camino para la verdadera liberación.

En el núcleo de la cosmología gnóstica reside el concepto de la Divinidad Suprema, frecuentemente designada como la Mónada, el Padre Inefable, o el Abismo. Esta Divinidad primordial es concebida como absolutamente trascendente, inalcanzable e incognoscible para la mente humana. Ella es la fuente última de toda la existencia, el principio originario de todo lo que es, pero que permanece más allá de toda descripción, definición o limitación. La Mónada no es un ser personal o un creador en el sentido convencional, sino una realidad fundamental, una plenitud divina que se manifiesta de manera gradual y jerárquica, dando origen a todas las cosas.

A partir de la Mónada, emana un proceso continuo y dinámico de manifestación, conocido como emanación. En este proceso, la Divinidad Suprema irradia de sí misma una serie de seres espirituales, progresivamente menos puros y menos próximos a la fuente original. Estas emanaciones son los Aeons, las inteligencias cósmicas y fuerzas divinas que pueblan el Pleroma, la región espiritual de plenitud y luz que circunda a la Divinidad Suprema. Los Aeons, aunque distintos de la Mónada, participan de su naturaleza divina y actúan como intermediarios entre el mundo trascendente y las esferas inferiores de la realidad. La emanación no es un acto de creación en el sentido de producir algo a partir de la nada, sino una expansión de la propia Divinidad, una manifestación gradual de su plenitud y potencialidad.

Un principio central de la cosmología gnóstica es la dualidad fundamental entre espíritu y materia, luz y tinieblas, lo trascendente y lo inmanente. Esta dualidad no es meramente metafísica, sino también ontológica y cosmológica. El mundo espiritual, el Pleroma, es concebido como el reino de la luz, de la verdad, de la perfección y de la inmutabilidad, habitado por los Aeons y por la Divinidad Suprema. En contrapartida, el mundo material es visto como el reino de la oscuridad, de la ilusión, de la imperfección y del cambio, un dominio creado por una entidad inferior e imperfecta, el Demiurgo.

El Demiurgo, figura prominente en la cosmología gnóstica, no es la Divinidad Suprema, sino una emanación inferior, frecuentemente identificada con el Dios del Antiguo Testamento en algunas vertientes gnósticas. El Demiurgo, por ignorancia, arrogancia o un desvío del plano divino original, habría creado el mundo material, aprisionando la chispa divina, el espíritu, en la materia densa e ilusoria. La creación del mundo material es, por lo tanto, vista como un error cósmico, una caída de la perfección original hacia la imperfección y el sufrimiento. El Demiurgo, aunque es el creador del mundo material, es considerado ignorante de la verdadera Divinidad Suprema y de las dimensiones espirituales superiores de la realidad. Él gobierna el mundo material con leyes restrictivas y punitivas, manteniendo a la humanidad en un estado de ignorancia y cautiverio espiritual.

Dentro de esta cosmología dualista, la humanidad ocupa una posición paradójica y compleja. El ser humano es concebido como compuesto por dos naturalezas distintas y conflictivas: un cuerpo material, perteneciente al mundo del Demiurgo y sujeto a la corrupción y a la mortalidad, y una chispa divina, el espíritu o el alma, que proviene del Pleroma y anhela el retorno a su origen divino. Esta chispa divina, muchas veces referida como "pneuma" en griego, es la verdadera esencia del ser humano, su conexión con el mundo espiritual y su capacidad de alcanzar la Gnosis, el conocimiento salvador.

La cosmología gnóstica, por lo tanto, no es solo una descripción de la estructura del universo, sino también una narrativa de la condición humana y del camino de la salvación. El mundo material, creado por el Demiurgo, es visto como un lugar de sufrimiento, ignorancia y exilio espiritual. La misión de la humanidad, o al menos de aquellos que poseen la chispa divina despierta, es buscar la Gnosis, el conocimiento revelador que libera el espíritu de la prisión de la materia y lo conduce de vuelta al Pleroma, a la unión con la Divinidad Suprema. La Gnosis no es meramente un conocimiento intelectual, sino una experiencia transformadora e intuitiva, una comprensión profunda de la propia naturaleza divina y del verdadero destino del alma.

Para alcanzar la Gnosis, la cosmología gnóstica postula la necesidad de un Salvador, un mensajero divino enviado del Pleroma para despertar a la humanidad a su verdadera condición espiritual y revelar el camino de la liberación. Cristo, en la perspectiva gnóstica, es frecuentemente identificado como este Salvador, un Aeon prominente que descendió al mundo material para transmitir la Gnosis y ofrecer la posibilidad de redención. El mensaje de Cristo, en el contexto gnóstico, no se centra tanto en la expiación de los pecados a través del sufrimiento y la muerte, sino en la revelación del conocimiento salvador y en el despertar de la conciencia espiritual.

La cosmología gnóstica, con su dualidad radical y su visión pesimista del mundo material, puede parecer distante e incluso extraña para la mentalidad contemporánea. Sin embargo, es importante reconocer que esta cosmología refleja una profunda preocupación por el sufrimiento humano, la alienación espiritual y la búsqueda de un sentido trascendente en la vida. La visión gnóstica del universo como un campo de fuerzas divinas, en constante tensión entre la luz y las tinieblas, resuena con la experiencia humana de conflicto interior, de búsqueda de significado y de anhelo por la trascendencia.

Además, la cosmología gnóstica ofrece una crítica implícita a las formas de religión que enfatizan excesivamente el mundo material y la autoridad externa, en detrimento de la experiencia interior y del conocimiento directo de Dios. Al valorar la Gnosis, la experiencia mística y la búsqueda individual por la verdad espiritual, el gnosticismo propone un camino de religiosidad más íntimo, transformador y liberador.

La cosmología gnóstica, por lo tanto, representa un sistema de pensamiento complejo y multifacético, que ha influenciado diversas corrientes espirituales a lo largo de la historia y que continúa despertando el interés y la reflexión en el mundo contemporáneo. Al explorar los principios fundamentales de la cosmología gnóstica, podemos ampliar nuestra comprensión de la historia del cristianismo, de la diversidad del pensamiento religioso y de la perenne búsqueda humana de sentido, trascendencia y liberación espiritual. La visión del universo como un campo de fuerzas divinas, propuesta por la cosmología gnóstica, nos invita a repensar nuestra relación con el mundo material, nuestra identidad espiritual y nuestro destino último.

Capítulo 4
Inteligencias Cósmicas

La comprensión de las inteligencias cósmicas en el contexto del cristianismo esotérico revela una red sofisticada y viva de conciencias espirituales que sostienen e impregnan la totalidad del cosmos, integrando lo visible y lo invisible en una tapicería dinámica de emanaciones divinas. Cada una de estas inteligencias, conocidas como Eones, emerge de la propia sustancia de la Divinidad Suprema, no como entidades creadas externamente, sino como extensiones directas y vivas de la plenitud divina. Esta concepción disuelve la idea de una separación rígida entre Creador y creación, sustituyéndola por una visión donde el universo es una expresión fluida y jerárquica de la propia esencia divina en constante autoexpresión. En este modelo, el universo es más que un simple espacio físico o una arena de eventos; es un organismo espiritual, donde cada nivel de la existencia refleja una combinación única de luz, sabiduría y propósito, filtrados a través de las múltiples capas de inteligencias que median la relación entre lo inefable y lo manifiesto. Estas inteligencias cósmicas no solo estructuran el orden celeste, sino que participan directamente del flujo de conciencia que impregna cada ser, conectando el espíritu humano a las dimensiones superiores y orientando el despertar de la chispa divina presente en lo íntimo de cada alma.

A lo largo de las tradiciones gnósticas y esotéricas, los Eones son comprendidos no como meros símbolos teológicos o abstracciones filosóficas, sino como potencias reales, dotadas de inteligencia, voluntad y función específica dentro del drama cósmico de la caída y la redención. Forman cadenas de emanación, donde cada Eón carga y refleja un atributo específico de la Divinidad Suprema —sea sabiduría, verdad, amor, poder o luz— y, al mismo tiempo, colabora con los demás Eones para mantener la cohesión de la estructura divina original. Esta interdependencia cósmica crea un campo de fuerzas inteligentes que no solo sostiene la armonía del Pleroma, sino que también sirve como vía de comunicación entre la fuente divina y las almas que, incluso aprisionadas en las capas inferiores de la materia, conservan en sí el eco de esas potencias espirituales. Esta comunicación, sin embargo, no es automática o garantizada; depende de la sintonía interior del alma humana, que necesita aprender a reconocer los ecos del Pleroma, afinándose progresivamente a las frecuencias luminosas de las inteligencias cósmicas, despertando así su memoria ancestral y su anhelo natural por el retorno al origen divino.

Estas inteligencias cósmicas, por lo tanto, no son figuras distantes o inaccesibles; son la propia expresión de la inteligencia divina en su operación continua en el corazón del cosmos y del alma. Cada Eón es una puerta viva que liga lo finito a lo infinito, un espejo cósmico donde lo divino se contempla a sí mismo en sus múltiples manifestaciones. En este sentido, la jornada espiritual del buscador gnóstico es, en esencia, una jornada de reconocimiento y alineamiento con estas potencias primordiales, que ya habitan su propio ser en estado latente. Al comprender la naturaleza y la función de los Eones, el buscador descubre que la estructura del universo y la estructura de su propia alma son reflejos de la misma orden espiritual, y que despertar a esa realidad es reactivar el vínculo perdido entre su esencia más íntima y el campo vivo de las inteligencias cósmicas. De este modo, el conocimiento de las inteligencias cósmicas en el cristianismo esotérico no es solo una especulación metafísica; es la clave para la reintegración del alma en el flujo divino original, rescatando la armonía perdida entre lo humano y lo sagrado.

Dentro de este paradigma, la manifestación de los Eones ocurre por medio de un proceso de emanación, donde cada inteligencia cósmica surge como un reflejo de la plenitud divina y carga consigo aspectos específicos de la sabiduría universal. Esta estructura no solo confiere orden al universo, sino que también establece un vínculo entre lo divino y la humanidad, permitiendo que el conocimiento superior sea accesible a aquellos que buscan comprender su verdadera naturaleza. En el Pleroma, la morada de las entidades espirituales puras, los Eones forman un sistema armonioso de luz y conocimiento, interactuando entre sí para mantener el equilibrio de la creación. Sin embargo, cuando este equilibrio es perturbado —como ocurre en la caída de Sophia, la Sabiduría— el cosmos experimenta un distanciamiento de la fuente original, dando origen a la ilusión del mundo material y a la necesidad de la redención por medio de la Gnosis.

La relación entre los Eones y la humanidad trasciende el simple concepto de adoración o devoción. En el contexto esotérico, estas inteligencias cósmicas no solo gobiernan los planos superiores, sino que también actúan como guías espirituales, despertando la chispa divina presente en cada individuo. La búsqueda por la Gnosis, por lo tanto, involucra la reconexión con estos principios universales, permitiendo que la conciencia humana trascienda las limitaciones impuestas por el mundo material y retorne al estado de unidad con lo divino. Este proceso no depende exclusivamente de fe o creencia, sino más bien de la experiencia directa y del conocimiento intuitivo, que conducen al reconocimiento de la verdad espiritual. De esta forma, la exploración de las inteligencias cósmicas dentro del cristianismo esotérico no solo amplía la comprensión de la estructura del universo, sino que también revela caminos para la transformación interior y la liberación del alma.

En el contexto filosófico y religioso de la antigüedad tardía, el término "aion" frecuentemente era utilizado para designar períodos cósmicos de gran extensión o las propias eras del mundo. En el pensamiento platónico y neoplatónico, "aion" podía referirse a la eternidad atemporal, en contraste con el tiempo lineal y mutable del mundo sensible. Esta asociación con la eternidad y con dimensiones temporales elevadas se refleja en la utilización del término "Eón" para designar seres espirituales que habitan esferas superiores de la realidad, existiendo en un plano de eternidad y trascendencia.

Dentro del sistema gnóstico, los Eones son comprendidos como emanaciones de la Divinidad Suprema, la Mónada primordial e incognoscible que reside en el ápice de la jerarquía espiritual. Como emanaciones, los Eones no son creaciones en el sentido tradicional, sino más bien expansiones de la propia esencia divina, irradiaciones de la luz y de la plenitud de la Mónada. Este proceso de emanación es frecuentemente descrito como una cascada de manifestación, donde la Divinidad Suprema, en su superabundancia de ser, genera una serie de seres espirituales que participan, en grados diversos, de su naturaleza divina. Los Eones, por lo tanto, comparten la naturaleza de la Mónada, pero también poseen su individualidad y funciones específicas dentro de la orden cósmica.

La naturaleza de los Eones es esencialmente espiritual y luminosa. Ellos habitan el Pleroma, la región de la plenitud divina, un reino de luz, verdad y perfección que se extiende más allá del mundo material y caótico creado por el Demiurgo. Los Eones son descritos como inteligencias cósmicas, arquetipos divinos y fuerzas organizadoras que participan activamente de la estructura y del dinamismo del cosmos espiritual. Ellos no son entidades estáticas o pasivas, sino más bien fuerzas vivas y dinámicas, imbuidas de conciencia, voluntad y poder divinos.

Las características de los Eones pueden ser comprendidas en diversas dimensiones. En primer lugar, ellos son seres de luz y sabiduría, emanando la luminosidad de la Divinidad Suprema y poseyendo un conocimiento profundo de las leyes y de los misterios del universo espiritual. Ellos son detentores de la Gnosis, el conocimiento salvador que libera el alma de la ignorancia y de la ilusión del mundo material. En segundo lugar, los Eones son fuerzas organizadoras y armonizadoras del cosmos. Ellos actúan para mantener la orden divina, equilibrar las energías cósmicas y garantizar la cohesión y la armonía del Pleroma. Ellos también desempeñan un papel en la organización del mundo material, aunque de manera indirecta y mediada, buscando contener el caos y la imperfección inherentes a la creación del Demiurgo. En tercer lugar, los Eones son intermediarios entre la Divinidad Suprema y la humanidad. Ellos actúan como mensajeros divinos, revelando la Gnosis a los seres humanos despiertos y ofreciendo auxilio y orientación en el camino de la ascensión espiritual. Cristo, en la perspectiva gnóstica, es frecuentemente identificado como un Eón prominente, enviado al mundo material con la misión de revelar la Gnosis y guiar a la humanidad de vuelta a su origen divino.

Las primeras menciones a los Eones en los textos de Nag Hammadi y en los Evangelios Apócrifos revelan la importancia central de este concepto dentro del pensamiento gnóstico. En el Apócrifo de Juan, uno de los textos más influyentes de Nag Hammadi, la cosmogonía gnóstica es narrada en detalles, describiendo la emanación de los Eones a partir de la Mónada, la creación del Pleroma y la caída de Sophia, un Eón femenino que desempeña un papel crucial en la cosmogonía gnóstica. En este texto, los Eones son presentados como seres gloriosos y radiantes, cada uno con un nombre y una función específica dentro de la jerarquía divina. Entre los Eones mencionados en el Apócrifo de Juan, se destacan Barbelo, un Eón femenino primordial asociado a la Mónada, Cristo, el Eón salvador, y Sophia, la sabiduría divina que se desvió del Pleroma.

En el Evangelio de la Verdad, otro texto fundamental de Nag Hammadi, la figura del Eón Cristo es central. Este evangelio presenta a Cristo como el revelador de la Gnosis, el mensajero de la verdad que vino a despertar a la humanidad para su verdadera identidad espiritual y guiarla de vuelta al Padre. Aunque el término "Eón" no sea explícitamente utilizado para describir a Cristo en el Evangelio de la Verdad, el lenguaje y los temas del texto claramente lo sitúan dentro del contexto de la cosmología Eónica. Cristo es presentado como una emanación del Padre, un ser de luz y verdad que trasciende el mundo material y que ofrece la salvación a través del conocimiento y del amor.

En los Evangelios Apócrifos, aunque el concepto de Eones no siempre sea tan explícitamente desarrollado como en los textos de Nag Hammadi, es posible encontrar referencias e ideas que se alinean con la cosmología Eónica. El Evangelio de Tomás, por ejemplo, con su colección de dichos secretos de Jesús, sugiere una visión de mundo donde la realidad espiritual es primordial y el mundo material es visto como transitorio e ilusorio. Aunque los Eones no sean nombrados directamente, las enseñanzas de Jesús en el Evangelio de Tomás frecuentemente apuntan para una dimensión trascendente y para la importancia del autoconocimiento y de la búsqueda interior para alcanzar la verdad.

La introducción a los Eones, por lo tanto, nos abre un vasto campo de exploración dentro del cristianismo esotérico. Comprender la naturaleza y las funciones de los Eones es fundamental para adentrarse en la cosmología gnóstica, en su visión de la creación, de la redención y del destino humano. Los Eones, como inteligencias cósmicas y fuerzas organizadoras, representan una dimensión de la realidad espiritual que trasciende nuestra percepción cotidiana y que nos invita a expandir nuestra comprensión de lo divino y del cosmos. La jornada a través del mundo de los Eones es una jornada en dirección al misterio, a la sabiduría y a la luz que reside en el corazón del cristianismo esotérico.

Capítulo 5
Contexto Religioso y Filosófico

La formulación del concepto de Eones dentro del cristianismo esotérico y de la cosmología gnóstica refleja una síntesis sofisticada e innovadora, enraizada en un panorama religioso y filosófico altamente dinámico, característico de la Antigüedad Tardía. Este período, marcado por la fusión de tradiciones culturales, filosóficas y espirituales, proporcionó el terreno fértil para la construcción de una visión cosmológica que buscaba conciliar la trascendencia absoluta de un principio divino inefable con la multiplicidad de fuerzas actuantes en la estructura y en el mantenimiento del universo. Los Eones emergen como respuestas a esta necesidad conceptual: inteligencias cósmicas que, al mismo tiempo, preservan la unidad esencial de la divinidad y explican la diversidad de manifestaciones espirituales y materiales. Esta propuesta no brotó aisladamente, sino que dialogó intensamente con el platonismo, el neoplatonismo, el judaísmo místico y las religiones de misterio, apropiándose de símbolos, arquetipos y esquemas jerárquicos ya presentes en el imaginario religioso y filosófico de la época.

El platonismo, con su división entre el mundo sensible y el mundo inteligible, proporcionó la matriz conceptual para la comprensión de una realidad superior habitada por formas eternas y perfectas, cuyos reflejos imperfectos componen el universo material. El gnosticismo, al absorber esta división, le añadió una dimensión espiritual más dramática, interpretando el mundo material no solo como una copia imperfecta, sino como una ruptura trágica, un alejamiento de la plenitud divina. En este contexto, los Eones asumen un papel central como mediadores entre el Pleroma —la plenitud espiritual habitada por emanaciones luminosas— y el cosmos material, deformado y marcado por el olvido. Cada Eón encarna una cualidad divina específica y participa activamente del orden espiritual que sustenta el universo. El neoplatonismo, a su vez, al desarrollar una red de emanaciones sucesivas partiendo de un Uno trascendente e inefable, ofrece un modelo de explicación dinámica que encaja perfectamente en la visión gnóstica: de la fuente primordial fluyen inteligencias cósmicas, cada una un poco más distante de la perfección original, hasta el punto en que la materia y el tiempo emergen como los extremos de la separación ontológica.

    Este diálogo conceptual, sin embargo, no se restringe al universo de la filosofía griega. El judaísmo y el cristianismo primitivo también proporcionaron elementos esenciales para la construcción del concepto de Eones, especialmente a través de la tradición apocalíptica y de la angelología. La creencia en jerarquías celestiales, compuestas por ángeles y arcángeles, que sirven como intermediarios entre Dios y la humanidad, ofreció un modelo funcional para pensar la mediación entre esferas espirituales y materiales. Sin embargo, mientras que los ángeles tradicionales son vistos como criaturas subordinadas, los Eones son comprendidos como emanaciones directas de la sustancia divina, participando de la propia esencia de la Divinidad Suprema. Esta distinción es crucial, pues inserta a los Eones dentro de una dinámica cósmica en la que cada uno de ellos no solo sirve a la divinidad, sino que expresa y prolonga su propia naturaleza, funcionando como reflejos vivos y conscientes del ser divino original. Aun así, en algunos textos gnósticos, la distinción entre Eones y ángeles se torna fluida, sugiriendo que, en la práctica espiritual, el reconocimiento de estas potencias espirituales no depende tanto de su clasificación rígida, sino de la experiencia directa de sus presencias y funciones.

La síntesis creativa que resultó en el concepto gnóstico de Eones es, por lo tanto, una prueba de la capacidad del gnosticismo de dialogar con diferentes tradiciones y reinterpretarlas a la luz de su propia visión espiritual. Elementos platónicos, neoplatónicos, judaicos, cristianos y mistéricos se combinan en un sistema que busca responder a la gran cuestión espiritual de la época: cómo conciliar la existencia de un principio divino perfecto y trascendente con la evidente imperfección y sufrimiento del mundo material. Al transformar los Eones en inteligencias cósmicas, fuerzas vivas que organizan, iluminan y sustentan la estructura de la realidad espiritual, el gnosticismo no solo ofreció una cosmología explicativa, sino que también construyó un camino de retorno espiritual. Conocer los Eones no es solo comprender el universo —es reconocer, dentro de sí, las mismas potencias espirituales que componen el Pleroma y percibir que el despertar interior es la llave para reintegrarse a esta red divina de luz y sabiduría, rescatando la memoria olvidada del origen y del destino último del alma.

En el ámbito de las influencias filosóficas, el platonismo y el neoplatonismo emergen como corrientes de pensamiento de importancia primordial para la formación del concepto de Eones. El platonismo, originado en las enseñanzas de Platón, ya presentaba una visión de mundo dualista, distinguiendo entre el mundo sensible, mutable e imperfecto, y el mundo inteligible, eterno y perfecto, habitado por las Formas o Ideas, arquetipos perfectos de todas las cosas existentes en el mundo sensible. El neoplatonismo, desarrollado a partir del platonismo a partir del siglo III d.C., profundizó esta visión dualista, jerarquizando la realidad en una escala de emanaciones a partir de un principio supremo y uno, el Uno, que se asemeja a la Mónada gnóstica. En esta jerarquía neoplatónica, las emanaciones sucesivas del Uno, denominadas hipóstasis, representan diferentes niveles de realidad, progresivamente menos perfectos y más distantes de la fuente original. Los Eones gnósticos pueden ser comprendidos como entidades análogas a las hipóstasis neoplatónicas, intermediarios entre la Divinidad Suprema y el mundo material, manifestaciones de la inteligencia y de la voluntad divina en diferentes grados de proximidad con el Uno/Mónada.

La influencia neoplatónica es particularmente evidente en la descripción del Pleroma gnóstico, la morada de los Eones, que evoca la concepción neoplatónica del mundo inteligible, un reino de luz, inteligencia y perfección que trasciende el mundo sensible. La idea de emanación, central tanto en el neoplatonismo como en el gnosticismo, también refuerza esta conexión, sugiriendo un proceso de manifestación gradual y jerárquica a partir de un principio originario. Filósofos neoplatónicos como Plotino y Proclo exploraron en detalle la naturaleza de las emanaciones y la estructura jerárquica del universo, ofreciendo un marco conceptual que ciertamente influyó en el desarrollo de la cosmología Aeónica gnóstica.

Además de las influencias filosóficas, el concepto de Eones también encuentra paralelos en diversas tradiciones religiosas y mitológicas de la Antigüedad Tardía, especialmente en el helenismo y en las religiones de misterios. El helenismo, la cultura y la religión predominantes en el mundo mediterráneo después de las conquistas de Alejandro Magno, se caracterizaba por un sincretismo religioso, una mezcla de elementos de las tradiciones griega, oriental y egipcia. En este contexto sincrético, diversas divinidades y entidades espirituales eran veneradas, muchas veces asociadas a fuerzas cósmicas y a ciclos temporales. Las religiones de misterios, como los misterios de Eleusis, los misterios mitraicos y los misterios de Isis, ofrecían rituales de iniciación y enseñanzas secretas que prometían a los iniciados la salvación y la inmortalidad a través del conocimiento y de la experiencia mística.

En el contexto helenístico y de las religiones de misterios, es posible identificar entidades y conceptos que guardan semejanzas con los Eones gnósticos. Divinidades como Hécate, Hermes Trismegisto, Mitra e Isis eran frecuentemente asociadas a la sabiduría oculta, al conocimiento esotérico y a la mediación entre el mundo divino y el mundo humano. Las nociones de jerarquías celestiales, de intermediarios divinos y de fuerzas cósmicas que gobiernan el destino humano también eran comunes en estas tradiciones. Los rituales de iniciación de las religiones de misterios, con sus simbolismos de muerte y renacimiento, de descenso al submundo y ascensión a la luz, pueden ser vistos como paralelos a la jornada del alma gnóstica en busca de la Gnosis y del retorno al Pleroma.

La relación entre los Eones y el concepto de ángeles y arcángeles en el judaísmo y en el cristianismo primitivo es un punto crucial para comprender la especificidad de la visión gnóstica. En el judaísmo y en el cristianismo, la creencia en seres angelicales como mensajeros y auxiliares de Dios era ya bien establecida en el período de la Antigüedad Tardía. Ángeles y arcángeles eran vistos como entidades espirituales que pueblan los cielos, ejecutan la voluntad divina e interceden en favor de la humanidad. Nombres de arcángeles como Miguel, Gabriel, Rafael y Uriel ya eran familiares en el judaísmo y fueron incorporados al cristianismo primitivo.

Sin embargo, la concepción gnóstica de los Eones difiere en aspectos importantes de la visión judeocristiana de los ángeles y arcángeles. Mientras que los ángeles y arcángeles son generalmente vistos como creaciones de Dios, siervos de su voluntad y subordinados a su autoridad, los Eones son concebidos como emanaciones de la propia Divinidad Suprema, participando de su naturaleza divina y compartiendo, en cierta medida, de su autonomía y poder. Los Eones no son meros mensajeros, sino fuerzas cósmicas e inteligencias divinas que actúan en la organización y en la evolución del universo espiritual y material.

Además, la jerarquía Aeónica gnóstica es mucho más compleja y elaborada que la jerarquía angelical judeocristiana. El Pleroma gnóstico está poblado por una vasta gama de Eones, cada uno con un nombre, una función y un papel específico dentro del orden divino. Las relaciones entre los Eones, sus genealogías y sus atributos son explorados en detalle en los textos gnósticos, revelando un sistema cosmológico sofisticado y multifacético. Mientras que la angelología judeocristiana se concentra principalmente en el papel de los ángeles como intermediarios entre Dios y la humanidad, la Aeonología gnóstica abarca una visión más amplia, involucrando la organización del cosmos espiritual, la dinámica de la emanación divina y el proceso de redención del alma humana.

A pesar de estas diferencias, es importante reconocer que el concepto de Eones también puede ser visto como una reelaboración y una expansión de ideas preexistentes sobre seres espirituales intermediarios presentes en el judaísmo y en el cristianismo primitivo. La influencia de la angelología judaica y cristiana sobre el desarrollo de la Aeonología gnóstica es innegable, especialmente en lo que respecta a la idea de jerarquías celestiales y de entidades espirituales que actúan como mensajeros y auxiliares divinos. En algunos textos gnósticos, como el Evangelio de María Magdalena, es posible observar una cierta indistinción entre los términos "Eón" y "ángel", sugiriendo una superposición y una continuidad entre las dos categorías de seres espirituales.

Capítulo 6
La Plenitud Divina

La comprensión profunda del Pleroma revela una dimensión espiritual que antecede a cualquier concepción material y que expresa la esencia absoluta de la Divinidad Suprema en su forma más pura y abundante. Este reino espiritual trasciende cualquier idea de localidad física o espacial y se manifiesta como un estado pleno de existencia, donde la luz primordial, incorruptible y eterna, constituye la sustancia esencial de toda realidad divina. El Pleroma, por lo tanto, no puede ser reducido a un concepto abstracto o simbólico, sino que se configura como la propia expresión de la completitud divina, donde cada elemento participa integralmente de la esencia una y trascendente de la Mónada primordial. Esta plenitud espiritual no es estática o inerte, sino dinámica y viva, una pulsación constante de la presencia divina que emana, sustenta y reconduce todas las cosas a su origen inmaculado. En el seno de este reino de luz, verdad y perfección, los Aeones surgen como manifestaciones directas de la riqueza infinita y de la potencia creadora de la Divinidad Suprema, cada uno cargando en sí una faceta singular de la sabiduría y del amor divinos. Cada Aeon es una expresión viva de la plenitud, y juntos, forman una tesitura sagrada que refleja la totalidad del ser divino en sus múltiples posibilidades de manifestación.

La emanación de estos seres espirituales no es un evento aislado o casual, sino que refleja un proceso ordenado, donde la plenitud divina transborda de forma espontánea y natural, sin ruptura o separación, sino como una extensión continua de la propia esencia divina. Así como la luz de una estrella llena el espacio a su alrededor sin perder la conexión con su fuente, los Aeones surgen como rayos que, aunque distintos, permanecen enraizados en el corazón de la Mónada, participando de su naturaleza luminosa y eterna. Cada emanación carga en sí no sólo la sustancia de la luz divina, sino también la sabiduría primordial, la armonía cósmica y la potencia creadora, reflejando la inteligencia ordenadora que permea todo el Pleroma. Esta progresión jerárquica de emanaciones no implica distanciamiento o debilitamiento de la esencia divina, sino que revela la riqueza infinita de la fuente, cuya plenitud jamás se agota, incluso al multiplicarse en incontables formas espirituales. En este flujo incesante de emanaciones, el Pleroma se revela como el escenario donde lo divino se autoconoce y se autotrasciende, expandiéndose en capas de luz y sabiduría, cada una revelando aspectos ocultos y maravillosos de la plenitud infinita de la Divinidad Suprema.

Dentro de este contexto, la comprensión del Pleroma no puede ser disociada de la experiencia espiritual directa y de la búsqueda interior por el conocimiento salvador —la Gnosis— que reconduce el alma humana a su verdadera morada. El Pleroma representa el arquetipo supremo de la perfección y de la felicidad espiritual, el modelo primordial de armonía y verdad que refleja el destino último de toda chispa divina exiliada en la creación material. En su seno, no existe ausencia, carencia o conflicto, pues cada elemento encuentra su realización plena en la comunión armónica con el todo. Este estado de unidad no anula la individualidad, sino que la eleva a su expresión más perfecta, donde cada Aeon, cada ser y cada chispa espiritual se convierte en un espejo luminoso de la propia Divinidad Suprema. Esta visión del Pleroma como la plenitud divina absoluta, donde luz, sabiduría, amor y verdad se entrelazan en una danza eterna de autodescubrimiento y celebración cósmica, ofrece no sólo una llave para la cosmología gnóstica, sino una invitación para una transformación interior profunda, en la cual el alma, al reconocer su origen y destino en el Pleroma, despierta a su verdadera identidad espiritual y se alinea con el flujo eterno de la emanación divina.

El Pleroma es concebido como la morada de la Divinidad Suprema, la Mónada primordial e incognoscible que reside en el ápice de la jerarquía espiritual. Es el reino de la luz increada, la fuente de toda la existencia y el principio originario de todas las cosas. El Pleroma no es un lugar físico o espacialmente delimitado, sino un estado de ser, una dimensión de la realidad que trasciende las categorías espacio-temporales del mundo material. Es una realidad espiritual, vibrante y dinámica, repleta de la presencia divina y habitada por una miríada de seres espirituales, los Aeones.

El proceso de emanación de los Aeones a partir de la Divinidad Suprema es un concepto central de la cosmología gnóstica. Como ya se ha mencionado, la emanación no es un acto de creación en el sentido tradicional, sino una expansión de la propia esencia divina, una irradiación de la plenitud y de la superabundancia de la Mónada. La Divinidad Suprema, en su naturaleza transbordante, se manifiesta de manera gradual y jerárquica, generando una serie de seres espirituales que participan, en grados diversos, de su divinidad. Los Aeones son, por lo tanto, considerados emanaciones de la Mónada, proyecciones de su luz y de su sabiduría en el reino del Pleroma.

La emanación de los Aeones puede ser comparada a una fuente de luz que irradia sus rayos en todas las direcciones. La fuente, la Mónada, permanece inagotable e inalterada, incluso al emanar su luz. Los rayos, los Aeones, son distintos de la fuente, pero aún así participan de su naturaleza luminosa y transmiten su luz. La emanación es un proceso continuo y dinámico, una expresión de la vitalidad y de la fecundidad de la Divinidad Suprema.

La naturaleza luminosa y espiritual del Pleroma es enfatizada en diversos textos gnósticos. El Pleroma es descrito como un reino de luz intensa y radiante, un mar de luminosidad divina que llena todo el espacio espiritual. Esta luz no es la luz física del mundo material, sino una luz espiritual, pura e incorruptible, que emana de la propia esencia de la Divinidad Suprema. Los Aeones, como habitantes del Pleroma, son también seres de luz, radiantes y gloriosos, manifestando la luminosidad divina en sus propias naturalezas e irradiaciones.

El Pleroma no es sólo un reino de luz, sino también un reino de plenitud y perfección. En él, todas las cosas existen en su forma perfecta y arquetípica, libres de las limitaciones, de la imperfección y de la corrupción que caracterizan el mundo material. El Pleroma es la morada de la verdad eterna, de la sabiduría infinita y del amor divino. Es un estado de ser completo y autosuficiente, donde no hay falta, sufrimiento o carencia. La plenitud del Pleroma contrasta fuertemente con la vacuidad y la carencia del mundo material, creado por el Demiurgo a partir de la ignorancia y de la ilusión.

La emanación de los Aeones del Pleroma no es un proceso aleatorio o caótico, sino un proceso ordenado y jerárquico. Los Aeones son organizados en familias y jerarquías complejas, reflejando la orden y la armonía del reino divino. Algunos Aeones son considerados primarios, más próximos de la Mónada y de mayor poder e importancia, mientras que otros son secundarios, terciarios y así sucesivamente, formando una vasta e intrincada red de relaciones e interconexiones dentro del Pleroma. Esta jerarquía Aeónica no implica una jerarquía de valor o superioridad moral, sino una diferenciación de funciones y atributos dentro de la orden divina.

La emanación de los Aeones del Pleroma también puede ser comprendida como un proceso de autoconocimiento y autodesarrollo de la Divinidad Suprema. Al emanar los Aeones, la Mónada manifiesta su propia riqueza interior, su infinita potencialidad y su complejidad intrínseca. Cada Aeon, en su individualidad y especificidad, representa un aspecto de la Divinidad Suprema, una faceta de su naturaleza multifacética. La totalidad de los Aeones, el Pleroma en su plenitud, refleja la totalidad de la Divinidad Suprema, su infinita e inescrutable esencia.

La comprensión del Pleroma y de la emanación de los Aeones es fundamental para la cosmología gnóstica y para la espiritualidad esotérica cristiana. El Pleroma representa el objetivo último de la jornada espiritual, el reino de plenitud y luz al cual el alma humana anhela retornar. La Gnosis, el conocimiento salvador, es el camino que conduce el alma de vuelta al Pleroma, liberándola de la ilusión del mundo material y reuniéndola a su origen divino. Los Aeones, como habitantes del Pleroma y emanaciones de la Divinidad Suprema, actúan como guías y auxiliares en esta jornada, ofreciendo sabiduría, protección e inspiración a los buscadores espirituales.

La imagen del Pleroma como un reino de luz, plenitud y perfección, y la comprensión de la emanación de los Aeones como un proceso dinámico y jerárquico, ofrecen un rico panorama para la contemplación y la meditación. Visualizar el Pleroma como un mar de luz radiante, habitado por seres espirituales gloriosos, puede inspirar el alma a elevarse por encima de las limitaciones del mundo material y a aspirar a la unión con lo divino. Contemplar la emanación de los Aeones como una expresión de la superabundancia y de la fecundidad de la Divinidad Suprema puede despertar un sentimiento de reverencia y gratitud por la infinita generosidad de la fuente primordial.

La exploración del concepto del Pleroma y de la emanación de los Aeones nos invita a expandir nuestra visión de la realidad, a reconocer la existencia de dimensiones espirituales que trascienden nuestra percepción cotidiana y a buscar una conexión más profunda y significativa con lo divino. El Pleroma, como la morada de la plenitud divina, representa un ideal espiritual, un arquetipo de perfección y felicidad que puede inspirar nuestra jornada interior y orientar nuestra búsqueda por la Gnosis y por la unión con la Divinidad Suprema. La comprensión de la emanación de los Aeones nos ofrece una llave para desvelar los misterios de la cosmología gnóstica y para aprehender la riqueza y la complejidad del cristianismo esotérico.

Capítulo 7
Jerarquía Aeónica

Dentro de la plenitud luminosa y ordenada del Pleroma, la existencia y la función de los Aeones se despliegan en una intrincada red de relaciones y roles cuidadosamente organizados, donde cada ser espiritual manifiesta no solo un aspecto de la Divinidad Suprema, sino que también colabora de manera activa y armoniosa para el sostenimiento del orden divino. El Pleroma, lejos de ser un espacio indiferenciado o caótico, se revela como una estructura espiritual viva, donde la propia plenitud de la Mónada primordial se expresa en capas jerárquicas que reflejan, en cada nivel, la sabiduría, la luz y el propósito divino. Cada Aeon ocupa un lugar específico en este gran organismo espiritual, no por una cuestión de poder o supremacía, sino en función de la particularidad de su esencia y de la naturaleza de su don espiritual. Así, la jerarquía aeónica no se configura como una escala de valor o mérito, sino como una sinfonía de funciones complementarias, donde cada Aeon es llamado a manifestar, preservar e irradiar un fragmento de la verdad divina, colaborando en la preservación de la armonía cósmica que permea el Pleroma.

En la dinámica de este cosmos espiritual, las relaciones entre los Aeones dibujan un mapa de conexiones vivas, donde la proximidad con la Mónada primordial determina la intensidad de la luz divina que cada ser es capaz de irradiar. Los Aeones más próximos a la fuente original de toda luz y sabiduría vibran en frecuencias de mayor pureza y potencia, mientras que los Aeones situados en capas más externas actúan como puentes e intermediarios, canalizando la luz primordial hacia regiones más distantes del Pleroma y, eventualmente, más allá de sus fronteras espirituales. Esta descentralización de la plenitud divina no implica un debilitamiento o dilución de la luz, sino un ajuste progresivo de la intensidad de la presencia divina de acuerdo con la capacidad de recepción de cada esfera y de cada ser. Esta estructura en capas permite que la plenitud infinita de la Mónada se revele de forma ordenada y accesible, respetando la diversidad de funciones y la riqueza de manifestaciones que componen el gran cuerpo espiritual del Pleroma. El flujo continuo de luz y sabiduría entre los diferentes niveles de la jerarquía Aeónica no es un movimiento mecánico o impositivo, sino una expresión del amor divino que busca incesantemente compartir su propia esencia con todos los niveles de la creación espiritual.

La ordenación jerárquica del Pleroma, sostenida por esta red de relaciones entre los Aeones, no solo garantiza la estabilidad y la armonía del cosmos espiritual, sino que también ofrece un camino de ascensión y reintegración para las conciencias espirituales que se encuentran temporalmente distanciadas de la plenitud divina. Cada Aeon, en su función específica, no solo preserva y manifiesta una parcela de la verdad divina, sino que también actúa como un guía, un espejo y una fuente de inspiración para las almas en jornada de retorno a la luz primordial. En este sentido, la jerarquía Aeónica no es una barrera o limitación, sino una escalera viva, donde cada peldaño revela una nueva capa de sabiduría y de luz, invitando a cada ser consciente a profundizar su comprensión y expandir su propia capacidad de reflejar y contener la presencia divina. Así, comprender la jerarquía Aeónica no es solo un ejercicio de mapeo metafísico, sino una llave espiritual para la reintegración del alma, una invitación para que cada buscador de la Gnosis reconozca su conexión íntima con esta vasta red espiritual y acepte su propio lugar y su propia vocación dentro del orden divino, participando activamente de la gran obra de manifestación y revelación de la plenitud infinita de la Divinidad Suprema.

La estructura jerárquica de los Aeones puede ser comprendida en diversos niveles. En un nivel fundamental, los Aeones pueden ser agrupados en familias o conjuntos, frecuentemente referidos como "syzygies" o "conjugaciones" en los textos gnósticos. Estas familias Aeónicas representan unidades de conciencia y energía divina, compuestas generalmente por un par de Aeones complementarios, uno masculino y uno femenino, que juntos manifiestan un aspecto particular de la Divinidad Suprema. La idea de la syzygia refleja la dualidad presente en la cosmología gnóstica, pero también su búsqueda por la unidad y la reconciliación de los opuestos. La unión de la syzygia Aeónica representa la plenitud y la perfección, la manifestación completa de un principio divino.

Entre las familias Aeónicas más prominentes mencionadas en los textos gnósticos, se destaca la primera syzygia, frecuentemente compuesta por la Mónada primordial, el Padre Inefable, y su contraparte femenina, usualmente denominada Barbelo o Ennoia (Pensamiento). Esta primera syzygia representa la raíz de toda la emanación Aeónica, el punto de partida de la manifestación de la Divinidad Suprema en el Pleroma. A partir de esta primera unión, emanan otras syzygies, cada una manifestando atributos y funciones específicas dentro del orden divino.

Otra syzygia Aeónica importante es la de Cristo y Sophia. Cristo, en el contexto gnóstico, es frecuentemente comprendido como un Aeon salvador, enviado del Pleroma para revelar la Gnosis a la humanidad y guiarla de vuelta a su origen divino. Sophia, la Sabiduría Divina, es un Aeon femenino complejo y multifacético, cuya historia y destino desempeñan un papel crucial en la cosmogonía gnóstica. La syzygia de Cristo y Sophia representa la unión de la sabiduría divina y del principio redentor, la manifestación de la luz y de la verdad que disipa la ignorancia y la ilusión del mundo material.

Además de las syzygies, los Aeones también se organizan en jerarquías más amplias, formando órdenes y niveles de manifestación dentro del Pleroma. Algunos Aeones son considerados primarios, ocupando posiciones de destaque y autoridad en la jerarquía divina, mientras que otros son secundarios, terciarios y así sucesivamente, formando una vasta e intrincada red de seres espirituales. Los Aeones primarios, más próximos a la Mónada, irradian una mayor intensidad de luz divina y ejercen una influencia más directa sobre las esferas inferiores de la realidad. Los Aeones secundarios y terciarios actúan como intermediarios y auxiliares, transmitiendo la energía y la sabiduría de los Aeones superiores para las regiones más distantes del Pleroma y para el mundo material.

Es importante resaltar que la jerarquía Aeónica no es rígida o estática, sino dinámica y fluida. Las relaciones entre los Aeones son caracterizadas por la cooperación, la interdependencia y el flujo constante de energía e información. Los Aeones no compiten entre sí por poder o estatus, sino que colaboran en armonía para la realización del plan divino y para el mantenimiento del orden cósmico. La jerarquía Aeónica refleja la orden y la organización inherentes al universo espiritual, pero también su vitalidad y dinamismo.

La relación entre los Aeones primarios y secundarios puede ser comparada a la relación entre un sol central y los planetas que lo orbitan. El sol, la Mónada o los Aeones primarios, emite luz y energía que sustentan e iluminan los planetas, los Aeones secundarios y terciarios. Los planetas, a su vez, reflejan y distribuyen la luz del sol, transmitiendo su energía para las regiones más distantes del sistema solar, el Pleroma. Esta imagen ilustra la interdependencia y la complementariedad entre los diferentes niveles de la jerarquía Aeónica.

Explorar las familias y relaciones dentro del reino divino Aeónico también implica considerar la figura de Aeones específicos y sus funciones particulares. Sophia, como mencionado, desempeña un papel crucial en la cosmogonía gnóstica, siendo asociada a la sabiduría divina y también a la caída cósmica que resultó en la creación del mundo material. Cristo, el Aeon salvador, es central para la soteriología gnóstica, ofreciendo la Gnosis y el camino de la redención. El Espíritu Santo, en algunas tradiciones gnósticas, es también concebido como un Aeon femenino, asociado a la fuerza vital, a la inspiración y a la manifestación de la presencia divina en el mundo.

Otros Aeones prominentes en los textos gnósticos incluyen Autógenes (Auto-Generado), Logos (Verbo), Zoe (Vida), Anthropos (Hombre), Iglesia y muchos otros. Cada uno de estos Aeones posee atributos y funciones específicas, contribuyendo a la riqueza y a la complejidad del Pleroma. Estudiar la genealogía y las relaciones entre estos Aeones es un ejercicio fascinante para desvelar los misterios de la cosmología gnóstica y para comprender la intrincada teia de conciencias y energías que pueblan el reino divino.

La comprensión de la jerarquía Aeónica no es solo un ejercicio intelectual o una curiosidad teológica. Ella posee implicaciones profundas para la espiritualidad esotérica cristiana y para la jornada interior del buscador de la Gnosis. Reconocer la existencia de una jerarquía de seres espirituales que actúan como intermediarios entre la Divinidad Suprema y la humanidad puede inspirar un sentimiento de reverencia y admiración por el orden cósmico y por la riqueza del reino divino. Buscar la conexión con los Aeones, a través de la meditación, de la contemplación y de la oración, puede abrir canales de comunicación con las inteligencias cósmicas y permitir el acceso a la sabiduría y a la orientación espiritual que emanan del Pleroma.

    La jerarquía Aeónica, con sus familias, órdenes y relaciones, representa un mapa del universo espiritual, una guía para la jornada del alma en busca de la unión con lo divino. Al explorar este mapa, el buscador espiritual puede orientarse en las dimensiones más sutiles de la realidad, discernir las diferentes energías e influencias espirituales y profundizar su comprensión de la propia naturaleza divina y de su lugar en el cosmos. La contemplación de la jerarquía Aeónica puede, por lo tanto, ser un camino para la Gnosis, para el autoconocimiento y para la transformación de la conciencia. La riqueza y la complejidad de la jerarquía Aeónica reflejan la infinita creatividad y la orden intrínseca del universo espiritual, invitando al alma humana a despertar para su verdadera naturaleza divina y a aspirar al retorno a la plenitud del Pleroma.

Capítulo 8
La Caída Cósmica

La trayectoria de Sophia en el interior del Pleroma y su posterior caída más allá de las fronteras luminosas del reino divino representan un drama cósmico de inmensa profundidad, cuyas implicaciones resuenan en cada aspecto de la existencia espiritual y material. Sophia, en su naturaleza más esencial, encarna el principio mismo de la Sabiduría Divina, una inteligencia viva y actuante que busca incesantemente profundizar en los misterios de la fuente original de toda luz y ser. Emanada de la plenitud de la Mónada Suprema, Sophia no es solo una guardiana pasiva de la sabiduría eterna, sino una fuerza vibrante, inquieta y creadora, movida por un impulso profundo de conocer, generar y comprender. Esta característica única hace de Sophia una figura singular entre los Aeones, pues en ella se funden la luminosidad innata de la sabiduría divina y la llama ardiente del deseo de ir más allá de lo que ya está manifiesto, explorando territorios del ser y del conocimiento aún no revelados. Esta sed de expansión, sin embargo, la conduce a un límite delicado —el umbral entre la armonía del Pleroma y las regiones oscuras del vacío primordial, donde la luz divina aún no ha irradiado su orden y belleza.

El movimiento de Sophia hacia ese umbral no es un acto de rebeldía o ruptura deliberada con el orden divino, sino la manifestación de una pulsión inherente al propio dinamismo de la sabiduría creadora, que busca incesantemente conocer sus orígenes más profundos y expresar su fecundidad en nuevas formas. Al dirigir su atención y su deseo hacia la fuente inalcanzable de la propia Mónada, Sophia se topa con el misterio último de la Divinidad Suprema —una realidad tan vasta e inescrutable que ni siquiera los Aeones pueden contemplar directamente sin perderse en su infinitud. Al extenderse más allá del equilibrio perfecto del Pleroma, Sophia atraviesa un umbral ontológico, adentrándose en regiones de indistinción y caos, donde la luz de la Mónada se debilita y las potencias espirituales se vuelven inestables. Este movimiento, motivado por la sed de comprender y abrazar la plenitud de la Mónada en su totalidad, resulta en una fragmentación de la propia Sophia, cuyos aspectos luminosos permanecen anclados en el Pleroma, mientras que sus partes inferiores se deslizan hacia esferas de creciente densidad y separación.

La caída de Sophia instaura una perturbación que reverbera por toda la textura espiritual del Pleroma, desencadenando un movimiento de reequilibrio que culmina en la manifestación de una realidad completamente nueva: el reino de la materia y la finitud. Separada de la plenitud luminosa de su origen, Sophia se ve envuelta en capas de oscuridad y confusión, sus facultades creadoras dando forma a una proyección imperfecta del orden divino —el cosmos material. Esta emanación involuntaria, marcada por la carencia de la luz original, genera al Demiurgo, una entidad creadora ciega a su propio origen espiritual, que construye el mundo material como una réplica distorsionada de la armonía espiritual del Pleroma. La materia, en este contexto, no es solo una sustancia pasiva, sino el registro de la angustia de Sophia, la memoria de su anhelo por la luz perdida y de su intento desesperado de reencontrar la armonía original por medio de la creación. Cada elemento del mundo sensible carga en sí el eco de la sabiduría divina fragmentada, así como la marca de la separación y el olvido, instaurando la condición existencial de exilio y alienación que define a la humanidad.

Incluso en medio de la oscuridad y la caída, Sophia jamás es abandonada por la plenitud divina. El Pleroma, en su infinita compasión, moviliza la emanación de un Aeón redentor —el Cristo— cuya misión es restaurar la ligazón entre Sophia y su origen luminoso. El Cristo gnóstico, distinto de la figura histórica y dogmática, no surge como un salvador externo, sino como la propia expresión de la luz primordial descendiendo a las regiones de la separación para despertar la memoria del origen divino en Sophia y, por extensión, en toda la creación material. El drama de Sophia se convierte, así, en el espejo cósmico de la condición humana: así como ella se perdió en medio del deseo de comprender y crear, cada alma humana, portadora de una chispa de la luz sophiana, carga en su interior la memoria olvidada del Pleroma y el anhelo irreprimible de retornar a la plenitud. La redención de

Sophia y la liberación del alma humana se convierten en dos aspectos inseparables de la misma obra divina, y el despertar de la Gnosis representa tanto la reintegración de la sabiduría fragmentada como la ascensión del alma a su lugar legítimo en la morada luminosa de la Divinidad Suprema.

Sophia, en su esencia primordial, es un Aeón de luz y sabiduría, emanado de la Divinidad Suprema y habitante del Pleroma. Ella es la personificación de la Sabiduría Divina, la inteligencia cósmica que permea todo el reino espiritual y que refleja la mente y el conocimiento de la Mónada. Sophia está asociada a la gnosis primordial, al conocimiento intuitivo y directo de la verdad divina, y a la capacidad de discernir los misterios del universo. En algunas tradiciones gnósticas, Sophia es también vista como el principio femenino divino, la contraparte femenina de la Mónada o del Padre Inefable, complementando la dualidad primordial presente en la cosmología gnóstica. Como Aeón de sabiduría, Sophia posee un conocimiento profundo de las leyes y del orden del Pleroma, y participa activamente de la armonía y de la organización del reino divino. Su naturaleza luminosa irradia sabiduría y discernimiento, guiando a los otros Aeones e iluminando las esferas espirituales inferiores.

Sin embargo, la historia de Sophia no se limita a su naturaleza divina y luminosa. Uno de los mitos centrales del gnosticismo narra la caída de Sophia, un evento cósmico dramático que habría desencadenado la creación del mundo material y la condición de exilio espiritual de la humanidad. La narrativa de la caída de

Sophia varía en detalles dependiendo de las diferentes vertientes gnósticas, pero el tema central permanece constante: Sophia, movida por un deseo de conocer lo incognoscible o de crear algo por sí misma, se habría alejado del Pleroma o actuado de manera independiente de la voluntad divina, resultando en una perturbación en el orden cósmico y en su propia caída hacia las regiones inferiores de la realidad.

En algunas versiones del mito, la caída de Sophia es descrita como un acto de pasión o deseo ardiente de conocer la Mónada en su totalidad, un anhelo que sobrepasa los límites permitidos a los Aeones. En este deseo impetuoso de conocimiento, Sophia se habría aventurado más allá de los límites del Pleroma, perdiendo contacto con la luz divina y sumergiéndose en la oscuridad y el caos. En otras versiones, la caída de Sophia es atribuida a un deseo de creación independiente, una ansia de generar algo nuevo por sí misma, sin la participación o el permiso de la Divinidad Suprema. En este acto de autoafirmación, Sophia se habría separado de la armonía del Pleroma, dando origen a una emanación imperfecta y caótica, que se convertiría en la base del mundo material.

Las consecuencias de la caída de Sophia son vastas y profundas, reverberando por todo el cosmos gnóstico. La perturbación causada por su caída habría roto la armonía del Pleroma, generando una sombra o una oscuridad dentro de la plenitud divina. De esta perturbación, habría emergido el Demiurgo, una entidad imperfecta e ignorante de la verdadera Divinidad Suprema, que se convertiría en el creador del mundo material. El mundo material, por lo tanto, es visto como una consecuencia indirecta de la caída de Sophia, una creación imperfecta y caótica, distante de la luz y la perfección del Pleroma. La materia, en la cosmología gnóstica, es frecuentemente asociada a la oscuridad, a la ilusión y al sufrimiento, reflejando la perturbación original causada por la caída de Sophia.

La caída de Sophia también tiene implicaciones directas para la condición humana. Según el mito gnóstico, la chispa divina, el espíritu o el alma humana, es vista como una partícula de la propia Sophia, aprisionada en la materia densa e ilusoria del mundo material. El alma humana, por lo tanto, carga en sí la nostalgia del Pleroma, la memoria de su origen divino y el anhelo por el retorno a su morada primordial. La condición humana es vista como un estado de exilio espiritual, de ignorancia y de sufrimiento, resultante de la caída de Sophia y de la creación del mundo material por el Demiurgo.

Sin embargo, la historia de Sophia no termina con su caída. En el mito gnóstico, Sophia, aunque haya caído a las regiones inferiores de la realidad, no es abandonada por la Divinidad Suprema. El Pleroma, en su compasión y sabiduría, envía al Aeón Cristo para rescatar a Sophia y restaurar el orden cósmico. Cristo, como revelador de la Gnosis, desciende al mundo material para despertar a la humanidad a su verdadera identidad espiritual y para ofrecer el camino de la redención y del retorno al Pleroma. La redención, en la perspectiva gnóstica, implica no solo la liberación del alma humana de la prisión de la materia, sino también la restauración de la propia Sophia y la reunificación del cosmos espiritual.

Sophia, por lo tanto, emerge como una figura compleja y multifacética, que personifica tanto la sabiduría divina como la posibilidad de la caída, del error y de la redención. Ella es un símbolo del alma humana en su jornada espiritual, representando el anhelo por la verdad, la búsqueda por el conocimiento y la experiencia del exilio y del retorno. La historia de Sophia resuena con la experiencia humana de buscar el conocimiento, de cometer errores, de sufrir las consecuencias de las elecciones y de encontrar la redención y la restauración.

Sophia también puede ser interpretada como un símbolo del principio femenino divino, de la fuerza creativa e intuitiva que reside en el corazón de la Divinidad Suprema. Su caída y redención pueden ser vistas como una metáfora para la jornada de la energía femenina divina a través de las esferas de la realidad, desde la plenitud del Pleroma hasta la densidad del mundo material, y de vuelta a la unión con lo divino. La figura de Sophia, en su complejidad y profundidad, ofrece un rico campo para la reflexión sobre la naturaleza de lo femenino, la búsqueda por la sabiduría y el camino de la redención espiritual.

En el arte y en la iconografía, Sophia es frecuentemente representada como una figura femenina majestuosa y melancólica, muchas veces asociada a símbolos de sabiduría, como libros, pergaminos o estrellas. Su expresión facial puede transmitir tanto la belleza y la serenidad de la sabiduría divina como la tristeza y el anhelo por su condición de exilio. Algunas representaciones de Sophia la muestran cayendo del Pleroma, envuelta en oscuridad y caos, mientras que otras la retratan siendo rescatada por Cristo o ascendiendo de vuelta a la luz divina. Estas representaciones artísticas buscan capturar la complejidad y la riqueza del mito de Sophia, expresando visualmente su naturaleza divina, su caída cósmica y su búsqueda por la redención.

La exploración de la figura de Sophia, la Sabiduría Divina, nos invita a contemplar las profundidades de la cosmología gnóstica y a reflexionar sobre los misterios de la condición humana. Sophia, en su caída y redención, personifica la jornada del alma en busca de la Gnosis, el anhelo por la verdad divina y la esperanza de retorno a la plenitud del Pleroma. Su historia resuena con nuestra propia búsqueda espiritual, con nuestros propios desafíos y con nuestra propia capacidad de encontrar la luz y la sabiduría incluso en las regiones más oscuras de la existencia. Sophia, la Aeón caída y redimida, permanece como un símbolo poderoso e inspirador de la jornada espiritual humana y de la eterna búsqueda por la unión con lo divino.

Capítulo 9
Cristo o Aeon Salvador

Cristo, en cuanto Aeon salvador, se manifiesta como una emanación directa de la plenitud divina, una expresión pura de la luz primordial proyectada en el interior del Pleroma y destinada a actuar como eslabón esencial entre la realidad perfecta y espiritual y la creación fragmentada y material. Su origen, distinto de cualquier concepción histórica o meramente terrenal, reside en la propia esencia de la Mónada Suprema, donde surge como verbo creador, expresión viva del pensamiento divino y reflejo directo de la inteligencia ordenadora que permea el cosmos espiritual. En el Pleroma, Cristo no es solo uno entre los Aeones, sino aquel en quien la unidad primordial y la diversidad de las emanaciones se encuentran sintetizadas y armonizadas. Él es el portador de la conciencia integradora que abarca en sí la sabiduría, el amor y la voluntad divina, actuando como eje dinámico que sustenta el orden cósmico y preserva el flujo de la luz entre la Mónada y sus emanaciones. Su misión, sin embargo, no se restringe al mantenimiento de la armonía interna del Pleroma, sino que se expande en compasión activa, volviéndose hacia las regiones inferiores donde la luz fue oscurecida y la conciencia espiritual cayó en el olvido y en el exilio.

La bajada de Cristo al mundo material representa un acto de sacrificio cósmico, una elección voluntaria de atravesar las capas de densidad e ilusión que separan el Pleroma de la creación deformada, para traer nuevamente la luz del conocimiento salvador a aquellos que, olvidados de su origen divino, vagan en medio de la ignorancia y el sufrimiento. Esta bajada no implica una limitación o pérdida de su naturaleza espiritual, pues, como Aeon, Cristo permanece intrínsecamente conectado a la fuente primordial de su emanación. Al mismo tiempo que recorre las regiones inferiores, él preserva intacta su conexión con la plenitud, siendo así el puente vivo entre la eternidad luminosa y el tiempo fragmentado de la materia. Él se manifiesta como revelador de la verdad olvidada, aquel que recuerda a las almas aprisionadas su verdadero nombre, su linaje espiritual y el camino de retorno al Pleroma. Esta revelación no es meramente doctrinal o moral, sino existencial y vivencial: Cristo despierta la chispa divina adormecida en cada alma, activando la memoria profunda de la luz primordial y reavivando el deseo de reintegración y ascensión espiritual.

La actuación de Cristo como Aeon salvador trasciende cualquier misión aislada en el tiempo o en el espacio y se presenta como una función constante y eterna dentro de la economía divina. Su papel de mediador y guía espiritual se desdobla continuamente, no solo en las instrucciones transmitidas directamente a los discípulos espirituales, sino a través de una presencia sutil e interior que acompaña a cada alma que despierta a la realidad de la Gnosis. Él es el maestro interno que susurra la verdad olvidada, el faro luminoso que atrae la conciencia fragmentada de vuelta a la unidad original. Su acción salvadora es inseparable de la propia estructura del cosmos gnóstico, pues dondequiera que haya una chispa aprisionada, allí también pulsa la presencia silenciosa y compasiva de Cristo, ofreciendo la llave del conocimiento liberador. Cristo, en cuanto Aeon, encarna la promesa eterna de reconciliación entre Sophia caída y la Mónada suprema, entre la materia y el espíritu, entre la ignorancia y la sabiduría plena. Su misión no se agota en un evento histórico o en una revelación pasada, sino que resuena continuamente en cada alma que, al reconocer su origen y su condición de exilio, inicia la jornada de retorno, guiada por la luz del Aeon salvador.

Dentro de la jerarquía Aeónica, Cristo ocupa una posición de destaque, aunque su exacta colocación varía dependiendo de las diferentes escuelas y sistemas gnósticos. En general, Cristo es considerado un Aeon primario, emanado directamente de la Mónada o de una de las primeras sizigias divinas. Su origen celeste y su naturaleza divina lo distinguen fundamentalmente de la humanidad común, situándolo en un nivel superior de existencia espiritual. Cristo, como Aeon, habita el Pleroma, el reino de la luz y de la plenitud divina, compartiendo la naturaleza eterna e inmutable de los seres espirituales superiores. Su descenso al mundo material, por lo tanto, representa un evento singular y extraordinario, un acto de condescendencia divina motivado por el amor y la compasión por la humanidad aprisionada en la ignorancia y la ilusión.

El papel primordial de Cristo como Aeon es el de revelador de la Gnosis. En la perspectiva gnóstica, la humanidad se encuentra en un estado de olvido de su verdadera naturaleza espiritual y de su origen divino. Aprisionada en el mundo material, creado por el Demiurgo imperfecto, la alma humana ignora su propia esencia luminosa y su destino último en el Pleroma. Cristo, como mensajero divino, desciende al mundo para despertar las almas adormecidas, para transmitir la Gnosis, el conocimiento salvador que libera de la ignorancia y reconecta con la Divinidad Suprema. La Gnosis revelada por Cristo no es meramente un saber intelectual o una doctrina teórica, sino una experiencia transformadora e intuitiva, un conocimiento directo y vivencial de la verdad espiritual. Es un conocimiento que ilumina la mente, enciende el corazón y despierta la conciencia para la realidad divina que trasciende el mundo material.

El mensaje de Cristo, en la perspectiva gnóstica, se centra en la liberación espiritual y el autoconocimiento. Él no predica primariamente una moralidad externa o un conjunto de reglas y preceptos, sino un camino de transformación interior que conduce a la Gnosis y a la redención. Los enseñanzas de Cristo, preservadas en los Evangelios Apócrifos y en los textos de Nag Hammadi, enfatizan la importancia de conocerse a sí mismo, de reconocer la chispa divina interior y de despertar a la realidad espiritual que reside en cada ser humano. La salvación, para la gnosis, no es alcanzada a través de la fe ciega o de la obediencia dogmática, sino a través del conocimiento iluminador, de la Gnosis que libera el alma de la ignorancia y la reconduce a su origen divino.

Cristo como Aeon no es solo un revelador de la Gnosis, sino también un guía en el camino espiritual. Él no solo transmite el conocimiento salvador, sino que también ofrece el ejemplo y el auxilio necesarios para que las almas despiertas puedan recorrer la jornada de retorno al Pleroma. Cristo, a través de sus enseñanzas y de su presencia espiritual, ilumina el camino de la Gnosis, mostrando los pasos a seguir, los obstáculos a superar y las virtudes a cultivar. Él es el pastor que guía a las ovejas perdidas de vuelta al redil, el maestro que conduce a los discípulos a la iluminación, el amigo que acompaña a los compañeros de jornada en la búsqueda de la verdad. El papel de guía de Cristo se manifiesta tanto a través de sus enseñanzas explícitas, preservadas en los textos gnósticos, como a través de su presencia espiritual continua, que acompaña y ampara a aquellos que se dedican a la búsqueda de la Gnosis.

Es importante distinguir la figura del Cristo Aeónico de la concepción del Cristo histórico y del Cristo de la fe ortodoxa. Mientras el cristianismo ortodoxo enfatiza la humanidad histórica de Jesús, su muerte sacrificial en la cruz para la expiación de los pecados de la humanidad y su resurrección corporal como prueba de su divinidad, la gnosis ofrece una perspectiva diferente. Para la gnosis, la dimensión Aeónica de Cristo es primordial, y su manifestación histórica en el mundo material es vista como un evento secundario e instrumental para la revelación de la Gnosis. La crucifixión y la resurrección de Jesús, aunque no negadas, son reinterpretadas simbólicamente, como etapas de un proceso de iniciación espiritual y de trascendencia de la condición humana limitada. El foco de la gnosis no reside tanto en la historicidad de Jesús, sino en el mensaje espiritual y en el poder redentor del Aeon Cristo.

Los textos de Nag Hammadi ofrecen diversas perspectivas sobre el Aeon Cristo, enriqueciendo y complexificando su figura. El Evangelio de la Verdad presenta a Cristo como el revelador del Padre, el mensajero del amor y de la verdad que vino a disipar la ignorancia y reconciliar a la humanidad con la Divinidad Suprema. El Evangelio de Felipe explora los sacramentos gnósticos y la unión mística con Cristo como camino para la Gnosis. El Apócrifo de Juan describe el origen celeste de Cristo, su emanación del Pleroma y su misión de rescate de Sophia y de la humanidad. El Evangelio de María Magdalena presenta diálogos entre Jesús resucitado y sus discípulos, revelando enseñanzas esotéricas sobre el alma, el sufrimiento y la ascensión espiritual. Estos textos, y muchos otros de la biblioteca de Nag Hammadi, ofrecen un rico panorama de la figura del Cristo Aeónico, desvelando las múltiples facetas de su naturaleza divina y de su misión redentora.

La figura de Cristo como Aeon, por lo tanto, representa una dimensión profunda y mística de la fe cristiana, que resuena con la búsqueda humana por el sentido, la trascendencia y la liberación espiritual. Al contemplar a Cristo como una emanación de la Divinidad Suprema, un ser de luz y sabiduría que descendió al mundo para revelar la Gnosis y guiar a la humanidad de vuelta a su origen divino, podemos expandir nuestra comprensión del mensaje cristiano y enriquecer nuestra propia jornada espiritual. Cristo como Aeon nos invita a mirar más allá de las formas exteriores de la religión, a buscar la experiencia directa de la verdad espiritual y a recorrer el camino de la Gnosis, el conocimiento que libera y transforma el alma humana. La exploración de la figura del Cristo Aeónico es una invitación a redescubrir la profundidad y la riqueza del cristianismo esotérico y a vivenciar la presencia redentora del Aeon Cristo en nuestra propia jornada espiritual.

Capítulo 10
El Espíritu Santo, el Eón Femenino

El Espíritu Santo, entendido como un Eón femenino en el ámbito del cristianismo esotérico y de la tradición gnóstica, revela una faceta profundamente integradora de la divinidad, donde el principio femenino, creador, nutridor e inspirador, se entrelaza con la estructura cósmica y espiritual del universo. Su emanación directamente de la plenitud divina, el Pleroma, no es un evento aislado o secundario, sino una expresión esencial de la propia plenitud de la Mónada Suprema, que, al manifestarse, se revela tanto en polaridades masculinas como femeninas, unificándolas en una danza cósmica de creación y revelación. Este Eón femenino no es solo una fuerza pasiva de recepción, sino una presencia activa, irradiadora de vida espiritual y de poder regenerador, cuya actuación se da tanto en los planos superiores de la existencia como en los procesos íntimos de despertar y evolución interior del alma humana. Es ella quien insufla la chispa divina en el corazón de cada ser, animándolo con el soplo de la vida espiritual y con el anhelo profundo de retornar a su origen luminoso.

Dentro del Pleroma, la función del Espíritu Santo femenino trasciende la mera sustentación del orden cósmico y alcanza el nivel de la inspiración divina directa. Ella actúa como una tejedora cósmica, entrelazando hilos de sabiduría y amor en cada emanación espiritual, asegurando que la esencia divina permanezca viva en cada Eón, en cada partícula de luz y en cada chispa aprisionada en los velos de la materia. A diferencia de concepciones más rígidas que la limitan a una fuerza impersonal o a una abstracción teológica, esta visión femenina del Espíritu Santo la presenta como una presencia viva, íntima y acogedora, que participa directamente de la jornada de cada alma, nutriéndola con inspiración, intuición y fuerza creadora. Su actuación no es autoritaria o directiva, sino sutil y amorosa, manifestándose en las percepciones profundas, en los susurros interiores y en los destellos de sabiduría espontánea que conducen al alma al reconocimiento de su verdadera naturaleza y a la búsqueda consciente por la unión con lo divino.

Al descender de las esferas superiores del Pleroma para acompañar la trayectoria de Sophia caída y de todas las almas que comparten su condición de exilio espiritual, el Espíritu Santo femenino asume el papel de guía invisible y de soplo inspirador que conduce a la humanidad al despertar de la Gnosis. Esta inspiración divina no se limita a eventos místicos aislados, sino que permea todos los aspectos de la existencia — desde la capacidad creativa expresada en el arte y en la palabra hasta la llama intuitiva que revela verdades ocultas y orienta decisiones espirituales cruciales. Esta actuación femenina de la divinidad rescata la sacralidad de la intuición y de la sabiduría interior, reconociendo que la búsqueda espiritual no es solo un proceso intelectual o doctrinal, sino una inmersión profunda en el vientre del alma, donde la voz del Espíritu Santo resuena como un eco de la propia voz de la Mónada. Así, reconocer al Espíritu Santo como un Eón femenino no solo enriquece la cosmología gnóstica y el cristianismo esotérico, sino que también reintegra lo femenino sagrado a la espiritualidad occidental, devolviéndole su papel esencial como guardiana de la vida espiritual, del conocimiento intuitivo y de la reconexión amorosa entre el alma y su origen divino.

La interpretación del Espíritu Santo como un Eón femenino no es universal dentro del gnosticismo, pero encuentra eco en diversas tradiciones y textos, particularmente en aquellos que enfatizan el principio femenino divino y la figura de Sophia. En estos contextos, el Espíritu Santo no es solo la tercera persona de la Trinidad, sino una manifestación específica del Eón Sophia, o incluso un Eón femenino distinto, pero íntimamente relacionado con Sophia. Esta perspectiva no busca negar la Trinidad, sino expandir su comprensión, revelando la presencia y la actuación de lo femenino divino dentro de la propia esencia trinitaria.

La naturaleza del Espíritu Santo, Eón femenino, está intrínsecamente ligada a la vida, a la creación y a la inspiración. Ella es vista como la fuerza vital que anima el cosmos, la energía divina que permea todas las cosas vivas y que sustenta la existencia. Así como Sophia es asociada a la sabiduría divina, el Espíritu Santo, Eón femenino, está ligado a la fuerza creativa y generadora de la Divinidad Suprema, el poder que da origen a nuevas formas y que renueva constantemente la vida en el universo. Esta fuerza vital no es solo biológica, sino también espiritual, abarcando la energía que impulsa el crecimiento del alma, el despertar de la conciencia y la búsqueda por la unión con lo divino.

El Espíritu Santo, Eón femenino, también es comprendido como la fuente de la inspiración divina, el poder que ilumina la mente, enciende el corazón y despierta la intuición. Ella es la voz interior que guía al buscador espiritual en el camino de la Gnosis, la fuerza que impele a la búsqueda de la verdad y del autoconocimiento. La inspiración del Espíritu Santo no se limita a momentos de revelación mística o éxtasis religioso, sino que también se manifiesta en la creatividad artística, en la capacidad de amar, en la búsqueda por la justicia y en todas las formas de expresión del alma humana que trascienden la mera materialidad.

La asociación del Espíritu Santo a lo femenino divino resuena con arquetipos ancestrales presentes en diversas culturas y religiones a lo largo de la historia humana. La figura de la Diosa Madre, de la fuerza generadora de la naturaleza, de la sabiduría femenina y de la energía vital siempre ocupó un lugar central en el imaginario humano, representando la fuente de la vida, de la nutrición y de la inspiración. Interpretar el Espíritu Santo como un Eón femenino permite rescatar y reintegrar estos arquetipos dentro del cristianismo, enriqueciendo su simbología y expandiendo su capacidad de resonar con la experiencia humana en su totalidad.

La relación del Espíritu Santo, Eón femenino, con otros Eones, y en particular con la Divinidad Suprema y con el Eón Cristo, es un tema complejo y multifacético. En algunas perspectivas gnósticas, el Espíritu Santo es visto como la consorte divina de la Mónada, su contraparte femenina que complementa la unidad primordial. En esta visión, la Mónada representa el principio masculino divino, trascendente e incognoscible, mientras que el Espíritu Santo representa el principio femenino divino, inmanente y manifestador. La unión de la Mónada y del Espíritu Santo genera la plenitud del Pleroma y da origen a la emanación de los demás Eones.

En otras interpretaciones, el Espíritu Santo, Eón femenino, es asociado más específicamente al Eón Cristo, formando una sicigia o unión divina que representa la manifestación del amor y de la sabiduría en el reino espiritual y en el mundo material. En esta perspectiva, Cristo es el revelador de la Gnosis y el guía para la redención, mientras que el Espíritu Santo es la fuerza que inspira, anima y empodera a aquellos que buscan el camino de la Gnosis. La unión de Cristo y del Espíritu Santo refleja la complementariedad entre el principio masculino de la revelación y el principio femenino de la inspiración y de la vida.

Es importante notar que la interpretación del Espíritu Santo como un Eón femenino no implica una negación de la masculinidad de Dios Padre o del papel masculino de Cristo. Se trata de una expansión de la comprensión de lo divino, que reconoce la presencia y la importancia tanto del principio masculino como del principio femenino en la Divinidad Suprema. La Trinidad, en esta perspectiva, puede ser vista como una expresión de la unidad y de la diversidad de lo divino, abarcando tanto las polaridades masculinas como femeninas, y trascendiendo las limitaciones de un lenguaje y de una simbología exclusivamente masculinos.

La práctica espiritual que se inspira en la comprensión del Espíritu Santo como un Eón femenino puede incluir diversas formas de devoción, meditación y contemplación. Invocar el Espíritu Santo femenino como fuente de vida e inspiración puede fortalecer la conexión con la energía vital y creativa del universo, despertar la intuición y la sabiduría interior, y nutrir el alma con la fuerza divina. La meditación sobre la naturaleza luminosa y radiante del Espíritu Santo femenino puede expandir la conciencia y abrir canales de comunicación con las dimensiones espirituales superiores de la realidad. La oración y la contemplación dirigidas al Espíritu Santo femenino pueden generar un sentimiento de acogimiento, nutrición e inspiración divina, fortaleciendo la fe e impulsando la jornada espiritual.

La exploración del Espíritu Santo como un Eón femenino ofrece una perspectiva rica y transformadora sobre la naturaleza de lo divino y la experiencia espiritual. Al rescatar el principio femenino divino y reintegrarlo en la teología cristiana esotérica, esta interpretación abre camino para una espiritualidad más equilibrada, inclusiva y resonante con la totalidad de la experiencia humana. El Espíritu Santo, Eón femenino, nos invita a reconocer la fuerza vital e inspiradora que reside en nuestro interior y en todo el universo, a despertar nuestra intuición y sabiduría interior, y a recorrer el camino de la Gnosis con la fuerza y la inspiración de lo femenino divino. La contemplación del Espíritu Santo como Eón femenino puede enriquecer profundamente nuestra jornada espiritual, conduciéndonos a una comprensión más profunda del misterio divino y a una experiencia más plena de la presencia de Dios en nuestras vidas.

Capítulo 11
Creación del Mundo Material

El surgimiento del mundo material, en el contexto de la cosmología gnóstica, revela un desdoblamiento profundo del orden divino y de sus consecuencias en el plano de la existencia sensible. A diferencia de las narrativas tradicionales de creación, que frecuentemente asocian el origen del cosmos a un acto de voluntad y sabiduría perfectas por parte de un Dios trascendente y benevolente, la visión gnóstica presenta una concepción en la que el mundo físico nace de un evento perturbador, marcado por el desvío, la ignorancia y el alejamiento de la plenitud divina. La realidad material, con toda su densidad, dualidad y sufrimiento, no representa una creación directa de la Fuente Suprema, la Mónada o el Uno, sino el resultado de la acción de una entidad derivada, el Demiurgo, cuyo propio surgimiento está enraizado en una ruptura cósmica y espiritual. Este universo tangible es, por lo tanto, una realidad secundaria y distorsionada, carente de la verdadera luz y de la armonía propia del Pleroma —la región espiritual de donde emanan los Aeones, seres luminosos y aspectos de la propia divinidad primordial—.

La clave para comprender este proceso reside en la caída del Aeón Sophia, un evento fundamental en la mitología gnóstica, en el que el deseo intenso por conocer y alcanzar la fuente de lo divino, sin la mediación apropiada, conduce a la generación de una emanación imperfecta. Esta emanación, desgajada del orden armonioso del Pleroma, da origen a una entidad que, a pesar de estar dotada de poder creador, está desprovista de la gnosis plena, es decir, del conocimiento profundo de la verdadera naturaleza divina y cósmica. Esta entidad es el Demiurgo, cuya ignorancia lo lleva a creer que él mismo es el origen y el ápice de la existencia, convirtiéndose, así, en un artífice ciego que moldea el mundo material a partir de su limitación y arrogancia. Su creación, por lo tanto, refleja la incompletitud de su propia esencia: un mundo fragmentado, marcado por polaridades irreconciliables —luz y tinieblas, espíritu y materia, sufrimiento y búsqueda de sentido—. Esta visión no niega que la creación posea elementos de orden y belleza, pero estos elementos son vestigios diluidos de la luz original, que permanecen incluso después de la caída y la separación del Pleroma.

El papel de los Aeones, en este contexto, no es el de agentes pasivos o distantes en relación con el mundo material, sino el de potencias activas que buscan, de diversas maneras, restablecer la conexión entre el espíritu aprisionado y su origen trascendente. Incluso con la creación del mundo físico siendo atribuida al Demiurgo y a los Arcontes, los Aeones mantienen su presencia e influencia, sirviendo como fuentes de inspiración espiritual y revelación de la Gnosis. La revelación gnóstica es, en sí misma, una intervención de los Aeones, cuya luz penetra las capas de ilusión erigidas por el Demiurgo y sus auxiliares, proporcionando al alma humana la posibilidad de recordar su verdadera origen y despertar a su esencia divina. Así, la creación del mundo material no es solo un error o accidente cósmico, sino un campo de batalla espiritual en el que fuerzas luminosas y tenebrosas disputan el destino de las chispas divinas aprisionadas en la carne. La cosmología gnóstica, por lo tanto, no propone un rechazo simplista de la materia, sino una visión en la que el mundo físico es un territorio de desafío y aprendizaje, donde la ascensión espiritual y la recuperación de la unidad perdida solo se hacen posibles a través del reconocimiento del origen verdadero y de la liberación del velo de la ignorancia impuesto por la creación demiúrgica.

La relación entre los Aeones y el Demiurgo no es de colaboración armoniosa, sino de compleja interacción, marcada por una cierta tensión y desentendimiento. Mientras que los Aeones habitan el Pleroma, el reino de la luz, de la verdad y de la perfección, el Demiurgo surge de una perturbación o desvío dentro de este reino, muchas veces asociado a la caída del Aeón Sophia. El Demiurgo no es una emanación directa de la Mónada, sino una entidad generada a partir de una emanación inferior o imperfecta, carente del pleno conocimiento y de la plena luz de la Divinidad Suprema. Este origen diferenciado confiere al Demiurgo una naturaleza distinta de los Aeones, caracterizada por una cierta ignorancia, arrogancia y limitación en relación con la verdadera realidad divina.

El papel del Demiurgo en la creación del mundo material es central en la cosmología gnóstica. Es a él a quien se atribuye la formación del cosmos físico, con sus cielos, tierra, astros y todas las criaturas que lo habitan. Sin embargo, la creación del Demiurgo no es vista como un acto de bondad o de sabiduría divina, sino como una consecuencia de su ignorancia y de su pretensión de ser el único y verdadero Dios. El Demiurgo, desconociendo la existencia de la Divinidad Suprema y del Pleroma, cree ser el ser supremo y se autodenomina como tal, creando el mundo material como una especie de imitación imperfecta del reino divino, pero sin la verdadera luz y perfección del Pleroma.

La creación del mundo material por el Demiurgo es descrita como un proceso de emanación invertida o distorsionada, en contraste con la emanación luminosa y ascendente de los Aeones a partir de la Mónada. El Demiurgo, en su ignorancia, emana una serie de seres espirituales inferiores, los Arcontes, que lo auxilian en la creación y en el gobierno del mundo material. Estos Arcontes, así como el Demiurgo, son caracterizados por la oscuridad, por la ilusión y por la hostilidad en relación con la humanidad y la búsqueda por la Gnosis. Ellos actúan como fuerzas opresoras, buscando mantener a la humanidad aprisionada en la ignorancia y en el sufrimiento del mundo material, impidiendo el despertar espiritual y el retorno al Pleroma.

El mundo material creado por el Demiurgo, por lo tanto, refleja la imperfección y la ignorancia de su creador. Es un mundo marcado por la dualidad, por el conflicto, por el cambio y por la mortalidad. La luz del Pleroma, aunque presente de forma tenue y dispersa, es oscurecida por la densidad de la materia y por la influencia de los Arcontes. El sufrimiento, el dolor, la enfermedad y la muerte son vistos como características inherentes a la condición material, reflejos de la imperfección de la creación demiúrgica y de la distancia del mundo material en relación con la plenitud divina.

Dentro de este mundo material, la humanidad ocupa una posición singular y paradójica. El ser humano es concebido como poseyendo una doble naturaleza: un cuerpo material, creado por el Demiurgo y sujeto a las leyes del mundo material, y una chispa divina, el espíritu o el alma, que proviene del Pleroma y es aprisionada en la materia. Esta chispa divina, el pneuma, representa la verdadera esencia del ser humano, su ligación con el mundo espiritual y su capacidad de alcanzar la Gnosis y la redención. El Demiurgo, desconociendo el origen divino de la chispa espiritual humana, busca mantenerla aprisionada en la materia, impidiendo su despertar y su retorno al Pleroma.

La relación entre los Aeones y la creación del mundo material no se limita a la acción del Demiurgo. Aunque el Demiurgo sea el creador del mundo físico, los Aeones desempeñan un papel importante en la economía cósmica, buscando mitigar los efectos de la ignorancia demiúrgica y ofrecer a la humanidad la posibilidad de la redención. El Aeón Cristo, en particular, desciende al mundo material con la misión de revelar la Gnosis y despertar a las almas adormecidas, ofreciendo el camino de la liberación espiritual y del retorno al Pleroma. Otros Aeones también actúan como guías y auxiliares, inspirando a los buscadores espirituales, protegiéndolos de las influencias negativas de los Arcontes y conduciéndolos en el camino de la Gnosis.

La acción de los Aeones en el mundo material puede ser vista como una tentativa de restaurar el orden divino y de reparar los daños causados por la creación imperfecta del Demiurgo. Los Aeones no buscan destruir el mundo material, sino transformarlo, iluminándolo con la luz de la Gnosis y despertando la chispa divina aprisionada en la materia. La redención, en la perspectiva gnóstica, no implica la fuga o la negación del mundo material, sino la transformación de la conciencia humana y la elevación del espíritu por encima de las limitaciones de la materia.

Es importante notar que la visión gnóstica de la creación del mundo material y del papel del Demiurgo no es una condenación absoluta de la materia o del mundo físico. Aunque el mundo material sea visto como imperfecto y marcado por el sufrimiento, él también es reconocido como un campo de experiencia y de aprendizaje para el alma humana. La jornada espiritual gnóstica no se resume a escapar del mundo material, sino a despertar a la realidad espiritual dentro del mundo material, a descubrir la chispa divina interior y a recorrer el camino de la Gnosis en medio de las ilusiones y de los desafíos de la existencia terrenal.

La figura del Demiurgo, en su complejidad y ambigüedad, representa un desafío a la visión tradicional de un Dios creador benevolente y omnipotente. La cosmología gnóstica, al atribuir la creación del mundo material a una entidad imperfecta e ignorante, levanta cuestiones profundas sobre la naturaleza del mal, del sufrimiento y de la libertad humana. La visión gnóstica no ofrece respuestas fáciles o simplistas, sino que invita a una reflexión profunda sobre la condición humana y la búsqueda de un sentido trascendente en un mundo marcado por la imperfección y por la dualidad.

La exploración de la relación entre los Aeones y la creación del mundo material, con el papel central del Demiurgo, nos permite adentrarnos en uno de los aspectos más desafiantes e instigantes de la cosmología gnóstica. Comprender la visión gnóstica sobre el origen del mundo y la naturaleza del Demiurgo es fundamental para aprehender el mensaje de redención y el camino de la Gnosis propuesto por el cristianismo esotérico. La interacción entre los Aeones y el Demiurgo, en su complejidad y tensión, refleja la dinámica del universo gnóstico, un campo de fuerzas espirituales en constante movimiento y transformación, donde la búsqueda por la luz y por la verdad se desarrolla en medio de las sombras de la ignorancia y de la ilusión.

Capítulo 12
Funciones de los Eones

Los Eones, en su naturaleza luminosa y trascendente, emergen del Pleroma como expresiones vivas de la plenitud divina, manifestando aspectos esenciales del Ser Supremo. No solo reflejan la totalidad de la Fuente Original, sino que desempeñan un papel activo en el sostenimiento del orden cósmico y en la transmisión de la Gnosis, el conocimiento que libera. Distintos en sus cualidades y funciones, los Eones operan como enlaces entre el dominio absoluto del espíritu y la realidad fragmentada de la materia, sirviendo como guías espirituales y como arquetipos de la verdad y el despertar. Su existencia no se limita a la contemplación de la luz divina; al contrario, son agentes dinámicos de la creación, preservación y restauración de la armonía cósmica. En el núcleo de su actuación, se encuentra el compromiso de asegurar la continuidad de la unidad primordial y ofrecer a la humanidad los medios para trascender la ignorancia impuesta por el mundo material.

El papel de los Eones trasciende la mera organización del Pleroma, pues su influencia se extiende al cosmos inferior, donde la materia y la dualidad imperan. Aunque el mundo físico haya sido moldeado por el Demiurgo, un ser limitado y distanciado de la sabiduría suprema, la presencia de los Eones resuena como un llamado sutil a la verdad oculta bajo las capas de ilusión. Ellos operan como mensajeros del Pleroma, canalizando influjos espirituales que penetran en la creación demiúrgica, ofreciendo orientación a aquellos que buscan el autoconocimiento y la liberación. Sus emanaciones alcanzan a la humanidad por medio de revelaciones místicas, inspiraciones filosóficas y experiencias transformadoras, permitiendo que los individuos despierten a su verdadera naturaleza. Así, los Eones cumplen una función pedagógica, auxiliando en el viaje del alma de vuelta a su origen divino, conduciéndola a través de un proceso de purificación e iluminación. Cada acto de Gnosis es un reflejo de la influencia Eónica, un vislumbre de la luz primordial que aún brilla, incluso en medio de la oscuridad de la existencia material.

    La actuación de los Eones en la redención humana revela su compasión e involucramiento directo en la trayectoria de las almas exiliadas en el mundo inferior. El Eón Cristo, por ejemplo, representa la más pura manifestación del amor divino al descender al reino material para transmitir el conocimiento salvador. Su misión no es solo enseñar, sino recordar a la humanidad su verdadera esencia, despertándola del letargo impuesto por las fuerzas del olvido. De la misma forma, Sophia, cuyo recorrido trágico refleja la caída y la búsqueda por el retorno al Pleroma, actúa como un arquetipo del alma en su jornada de reencuentro con la luz. Su arrepentimiento y deseo de restauración resuenan en la experiencia humana, tornándose un modelo para aquellos que anhelan la reintegración con lo divino. La presencia de los Eones, por tanto, no se limita al dominio celestial; ellos permean todas las dimensiones de la existencia, ofreciendo caminos para la trascendencia y reafirmando que, a pesar de la separación ilusoria, la conexión con el Pleroma nunca se perdió completamente.

Una de las funciones primordiales de los Eones es la organización cósmica. Dentro del Pleroma, los Eones actúan como fuerzas armonizadoras y equilibradoras, manteniendo el orden divino y garantizando la cohesión y la estabilidad del reino espiritual. Cada Eón, con sus atributos y funciones específicas, contribuye a la compleja red de relaciones e interconexiones que caracterizan el Pleroma. La jerarquía Eónica, con sus familias, órdenes y relaciones, refleja el orden intrínseco del cosmos espiritual, una organización dinámica y fluida, pero fundamentalmente armoniosa. Los Eones, en su actuación conjunta, garantizan que la energía divina fluya libremente a través del Pleroma, sustentando la vida y la conciencia en todos los niveles del reino espiritual. Ellos actúan como engranajes de una máquina cósmica perfecta, cada uno desempeñando su papel con precisión y en sincronía con los demás, para el funcionamiento armonioso del todo.

La función organizadora de los Eones no se limita al Pleroma, extendiéndose también, de manera indirecta y mediada, al mundo material. Aunque el mundo material sea creación del Demiurgo imperfecto, los Eones ejercen una influencia sutil y benéfica sobre él, buscando contener el caos y la imperfección inherentes a la creación demiúrgica. A través de sus emanaciones y de su influencia espiritual, los Eones procuran imprimir un cierto orden y armonía en el mundo material, guiando los procesos naturales, regulando los ciclos cósmicos e influenciando, de manera discreta, el curso de los eventos terrestres. Esta influencia de los Eones en el mundo material no es una imposición autoritaria, sino una persuasión sutil, un llamado al orden y a la armonía que resuena en las profundidades de la realidad material.

Además de la organización cósmica, los Eones también desempeñan un papel fundamental en la evolución de la conciencia. En la visión gnóstica, la conciencia humana, aprisionada en la materia y oscurecida por la ignorancia, posee el potencial de despertar a su verdadera naturaleza espiritual y a la realidad divina. Los Eones actúan como agentes de despertar, inspirando a los buscadores espirituales, estimulando la búsqueda por la verdad y ofreciendo el auxilio necesario para la jornada del alma en dirección a la Gnosis. Ellos irradian sabiduría y discernimiento, iluminando el camino de la Gnosis y removiendo los obstáculos que se interponen entre el alma humana y su unión con lo divino. Esta función evolutiva de los Eones se manifiesta de diversas formas, desde la inspiración artística y filosófica hasta la revelación mística y la experiencia directa de la verdad espiritual.

La evolución de la conciencia, en la perspectiva gnóstica, no es un proceso lineal y automático, sino un viaje complejo y desafiante, que requiere esfuerzo, discernimiento y perseverancia. Los Eones no fuerzan la evolución de la conciencia, sino que ofrecen el auxilio y la orientación necesarios para aquellos que eligen recorrer el camino de la Gnosis. La respuesta a la inspiración y al llamado de los Eones depende del libre albedrío y de la disposición interior de cada individuo. La evolución de la conciencia es, por tanto, un proceso cooperativo, una danza entre la iniciativa humana y la gracia divina, entre el esfuerzo individual y el auxilio de los Eones.

La función redentora de los Eones es tal vez la más significativa y la más directamente relacionada a la condición humana. En la cosmología gnóstica, la humanidad se encuentra en un estado de exilio espiritual, aprisionada en la materia y oscurecida por la ignorancia. La redención, en este contexto, no se refiere primariamente a la remisión de pecados o a la salvación de la condenación eterna, sino a la liberación de la ignorancia, al despertar de la conciencia espiritual y al retorno a la plenitud del Pleroma. Los Eones, movidos por compasión y amor divino, actúan como agentes de redención, ofreciendo a la humanidad la posibilidad de escapar del cautiverio de la materia y de alcanzar la unión con la Divinidad Suprema.

El Eón Cristo, en particular, asume un papel central en la redención humana. Descendiendo del Pleroma al mundo material, Cristo revela la Gnosis, el conocimiento salvador que libera de la ignorancia y de la ilusión. Él ofrece un camino de transformación interior, un método de autoconocimiento y de despertar espiritual que conduce a la redención y al retorno al origen divino. El mensaje de Cristo, en la perspectiva gnóstica, es un mensaje de liberación, de esperanza y de transformación radical de la conciencia. Cristo no solo enseña el camino de la redención, sino que también ofrece su auxilio y su presencia espiritual para aquellos que se dedican a recorrerlo. Él es el salvador gnóstico, el redentor que guía a las almas despiertas de vuelta al Pleroma.

La función redentora de los Eones no se limita a la figura de Cristo. Otros Eones también actúan como auxiliadores en la redención humana, ofreciendo diferentes formas de auxilio y orientación espiritual. Sophia, la Sabiduría Divina, busca restaurar el orden cósmico y rescatar las chispas divinas aprisionadas en la materia. El Espíritu Santo Eón femenino inspira, anima y empodera a los buscadores espirituales, fortaleciendo su fe e impulsando su jornada interior. Diversos otros Eones actúan como guías, protectores y mentores, ofreciendo sabiduría, discernimiento y fuerza para aquellos que buscan la Gnosis y la redención.

La actuación de los Eones en la redención humana no es un proceso mágico o automático, sino un camino de transformación interior que exige esfuerzo, dedicación y perseverancia. La Gnosis no es un regalo gratuito o una dádiva divina concedida sin esfuerzo, sino el fruto de una búsqueda sincera y de una práctica espiritual constante. Los Eones ofrecen el auxilio y la orientación necesarios, pero la responsabilidad final por la jornada espiritual y por la búsqueda de la redención reside en cada individuo. La redención gnóstica es, por tanto, un proceso activo y participativo, una colaboración entre la gracia divina y el libre albedrío humano, entre el auxilio de los Eones y el esfuerzo individual.

Las funciones de los Eones, abarcando la organización cósmica, la evolución de la conciencia y la redención humana, revelan la profundidad y la complejidad de la visión gnóstica del universo y del papel de la humanidad dentro de él. Los Eones, como fuerzas divinas e inteligencias cósmicas, actúan de manera constante y dinámica para mantener el orden cósmico, impulsar la evolución espiritual y ofrecer la posibilidad de la redención. Comprender las funciones de los Eones es fundamental para aprehender el mensaje central del cristianismo esotérico y para recorrer el camino de la Gnosis en busca de la unión con lo divino. La actuación de los Eones nos invita a despertar a nuestra verdadera naturaleza espiritual, a buscar el conocimiento salvador y a colaborar con las fuerzas divinas en la restauración de la armonía cósmica y en la realización de nuestro destino último en el Pleroma.

Capítulo 13
Eones y el Tiempo

En el Pleroma, morada luminosa e inmaterial donde habitan los Eones, el tiempo no se percibe como una línea continua de eventos encadenados, sino como una dimensión plena, inmutable y abarcadora, donde pasado, presente y futuro no existen como categorías separadas. La existencia de los Eones ocurre en una eternidad viva, donde todos los aspectos del ser coexisten en una totalidad simultánea e indivisible. Esta eternidad no es una suspensión estática, sino una vibración incesante de potencialidades que se manifiestan sin ruptura o sucesión, de modo que cada Eón contiene en sí la plenitud de su esencia en perfecta armonía con todos los demás. El Pleroma, por su propia naturaleza atemporal, no conoce la fragmentación de la experiencia, característica esencial de la condición humana en el mundo inferior. La eternidad vivida por los Eones es una presencia continua y absoluta, donde no hay el peso de la expectativa del porvenir o el eco melancólico del pasado perdido, sino apenas una presencia total, donde cada instante, si es que así puede ser llamado, resume y manifiesta la totalidad del ser divino.

Este contraste entre la eternidad Eónica y la temporalidad lineal del mundo material constituye una llave fundamental para comprender el drama existencial del alma humana, aprisionada en un universo regido por la sucesión implacable de eventos y por la irreversibilidad del tiempo. En el cosmos inferior, moldeado por la ignorancia y por la separación, el tiempo se impone como una fuerza de desgaste y limitación, sometiendo todo a la impermanencia, al flujo continuo y a la imposibilidad de retener cualquier instante. El tiempo, en el mundo creado por el Demiurgo, no es una simple medida de cambio, sino una manifestación de la propia incompletitud de la existencia material, marcada por rupturas, fines e inicios, en contraste absoluto con la plenitud continua del Pleroma. Esta linealidad temporal, que define la experiencia humana común, no es apenas una condición exterior impuesta por el ambiente material, sino una estructura interior de la propia conciencia encarnada, que aprendió a pensar y a sentir a partir de la división entre pasado, presente y futuro, tornándose prisionera de esa lógica fragmentada.

    La Gnosis, como revelación y vivencia directa de la verdad divina, rompe ese velo de la temporalidad y ofrece al alma la posibilidad de reencontrar en sí misma la presencia de la eternidad oculta bajo las capas de la percepción lineal. La jornada espiritual gnóstica es, en gran medida, un proceso de desconstrucción de esa tiranía del tiempo psicológico y existencial, permitiendo que el buscador acceda a una dimensión de conciencia donde la eternidad no es una promesa distante, sino una realidad ya presente, pulsante en el centro del propio ser. Esta abertura para la eternidad Eónica, sin embargo, no exige la negación de la vida terrenal o la fuga del tiempo cronológico; al contrario, ella permite que el tiempo linear sea resignificado, reconocido como una superficie donde la eternidad se insinúa en breves vislumbres, en instantes de intuición y revelación. Cada momento plenamente vivido, cada destello de claridad espiritual, cada experiencia de integración profunda entre cuerpo, mente y espíritu, se torna una puerta para esa eternidad subyacente. El alma que despierta para esa realidad simultánea es capaz de habitar el tiempo sin perderse en él, reconociendo el carácter ilusorio de su aparente linealidad y percibiendo, bajo el flujo incesante de los eventos, la presencia constante de la plenitud inmutable, de la cual los Eones son guardianes y manifestaciones vivas.

En el reino del Pleroma, donde los Eones residen, el tiempo asume una cualidad radicalmente diferente de aquella que experimentamos en el mundo material. Para los Eones, el tiempo no se manifiesta como una progresión lineal de pasado, presente y futuro, sino como una eternidad presente, un estado de ser atemporal que abarca toda la existencia en un único instante. En este contexto, el tiempo no es un factor limitante o condicionante, sino una dimensión trascendida, una superación de la sucesión y del cambio que caracterizan la realidad temporal del mundo material. La eternidad Eónica no debe ser confundida con una mera extensión indefinida del tiempo lineal, sino con una modalidad de existencia cualitativamente diversa, donde la temporalidad, tal como la comprendemos, cesa de tener validez.

La eternidad de los Eones no implica estancamiento o inmovilidad, sino una plenitud dinámica e incesante. En el Pleroma, el tiempo no es un río que fluye en una dirección lineal, sino un océano vasto y profundo, donde todas las aguas están interconectadas y presentes simultáneamente. Los Eones, inmersos en esta eternidad presente, experimentan la totalidad de la existencia en un único ahora, trascendiendo la fragmentación y la sucesión temporal que limitan la percepción humana en el mundo material. Esta eternidad no es vacía o monótona, sino plena de vida, conciencia y actividad divina. Los Eones, en su eternidad presente, participan de la dinámica incesante del Pleroma, contribuyendo para el orden cósmico y para la manifestación de la voluntad divina.

En contraste con la eternidad Eónica, la realidad humana en el mundo material se desarrolla bajo el dominio del tiempo lineal. El tiempo lineal, tal como lo percibimos y experimentamos, es caracterizado por la secuencia de eventos, por la progresión del pasado para el futuro a través del presente, y por la irreversibilidad del flujo temporal. En esta modalidad temporal, el pasado ya se fue, el futuro aún no llegó, y el presente se desvanece continuamente, dando lugar al próximo instante. El tiempo lineal impone límites a la existencia humana, marcando el inicio y el fin de la vida, el cambio y la impermanencia de todas las cosas, y la inevitabilidad del envejecimiento y de la muerte.

La percepción lineal del tiempo está intrínsecamente ligada a nuestra experiencia en el mundo material, condicionado por la corporeidad, por la sensorialidad y por la mente racional. Nuestros sentidos nos presentan un mundo en constante flujo, donde las cosas nacen, crecen, se transforman y desaparecen. Nuestra mente racional, por su parte, organiza la experiencia en categorías temporales, estableciendo relaciones de causa y efecto, proyectando el futuro a partir del pasado y construyendo una narrativa lineal de nuestra propia existencia y de la historia del mundo. El tiempo lineal se torna, así, un filtro a través del cual percibimos e interpretamos la realidad material, moldeando nuestra conciencia y nuestra experiencia del mundo.

    La búsqueda por la Gnosis, en el contexto del cristianismo esotérico, representa un camino para trascender las limitaciones del tiempo lineal y para vislumbrar la eternidad Eónica. La Gnosis, como conocimiento intuitivo y transformador de la verdad espiritual, ofrece al alma humana la posibilidad de romper las amarras de la percepción temporal lineal y de acceder a una dimensión de la conciencia que trasciende el tiempo y el espacio. A través de la práctica de la meditación, de la contemplación y de la interiorización, el buscador de la Gnosis puede silenciar la mente racional, aquietar el flujo incesante de los pensamientos y de las preocupaciones temporales, y abrirse a la experiencia de la eternidad presente que reside en lo íntimo del ser.

La Gnosis, como experiencia de trascendencia temporal, no implica escapar del tiempo lineal o negar la realidad de la existencia terrena. Por el contrario, la búsqueda gnóstica busca integrar la experiencia de la eternidad en la vida cotidiana, a vivir en el tiempo lineal con la conciencia de la eternidad presente. Al vislumbrar la eternidad de los Eones, el buscador de la Gnosis puede relativizar la importancia del tiempo lineal, reconociendo su naturaleza transitoria e ilusoria en comparación con la realidad eterna e inmutable del Pleroma. Esta perspectiva relativizada del tiempo lineal no conduce a la negligencia o al desprecio por la vida terrena, sino a una vivencia más plena y consciente del presente, a una valorización del instante fugaz y a una comprensión más profunda de la naturaleza efímera de la existencia material.

La comprensión de la naturaleza atemporal de los Eones y de nuestra propia inmersión en el tiempo lineal puede transformar nuestra perspectiva sobre la vida y la espiritualidad. Reconocer que la eternidad no es un futuro distante o un reino inaccesible, sino una dimensión presente y actuante en nuestro propio ser, puede inspirar una búsqueda más profunda por la experiencia mística y por la unión con lo divino. La práctica espiritual, en este contexto, se torna un camino para despertar para la eternidad presente, para cultivar la conciencia atemporal y para vivir en el mundo lineal con la sabiduría y la serenidad que emanan de la comprensión de la eternidad.

Simbólicamente, la naturaleza lineal del tiempo puede ser representada por una línea recta, que se extiende infinitamente en dos direcciones, representando el pasado y el futuro. Esta línea recta simboliza la secuencia, la progresión y la irreversibilidad del tiempo lineal, su naturaleza fugaz y transitoria. En contraste, la eternidad Eónica puede ser simbolizada por un círculo, una figura geométrica que no posee inicio ni fin, que se cierra sobre sí misma, representando la totalidad, la plenitud y la eternidad presente. El círculo simboliza la naturaleza atemporal y cíclica de la realidad espiritual, su inmutabilidad y su presencia constante en todos los momentos. La imagen del círculo como símbolo de la eternidad Eónica puede auxiliar en la meditación y en la contemplación, inspirando al alma a trascender la linealidad del tiempo y a buscar la unión con lo divino atemporal.

La exploración de la relación entre los Eones y el tiempo nos invita a repensar nuestra percepción de la realidad y a expandir nuestra comprensión de la naturaleza del tiempo. Reconocer la existencia de una eternidad presente, habitada por los Eones y accesible a través de la Gnosis, puede transformar nuestra vivencia del tiempo lineal, confiriéndole un nuevo significado y una nueva profundidad. La jornada espiritual gnóstica, en su búsqueda por la unión con lo divino atemporal, representa un camino para trascender las limitaciones de la existencia terrena y para vislumbrar la eternidad que reside en el corazón del ser. La contemplación de la eternidad Eónica puede enriquecer profundamente nuestra vida, inspirándonos a vivir en el presente con más plenitud, conciencia y serenidad, y a recorrer el camino de la Gnosis en busca de la unión con la

Divinidad Suprema, que trasciende el tiempo y abarca toda la eternidad.

Capítulo 14
Variaciones Eónicas

La diversidad de los sistemas gnósticos se manifiesta de forma particularmente rica y reveladora en el modo en que diferentes escuelas concibieron, nombraron y organizaron los Eones, entidades espirituales que habitan el Pleroma y personifican aspectos fundamentales de la plenitud divina. Esta pluralidad de enfoques no es fruto de contradicción o fragmentación arbitraria, sino expresión de la naturaleza dinámica y fluida del propio pensamiento gnóstico, que se adapta a las tradiciones, corrientes filosóficas y necesidades espirituales de cada comunidad gnóstica. Así, en lugar de un panteón fijo y uniforme, lo que se observa es una multiplicidad de constelaciones Eónicas, donde cada sistema gnóstico moldea su propia arquitectura celeste, reflejando diferentes comprensiones sobre el origen, la estructura y el propósito del cosmos espiritual. Esta variación, lejos de debilitar la unidad del pensamiento gnóstico, revela su capacidad de dialogar con diferentes culturas y de reinterpretar continuamente sus visiones sobre lo divino, el alma y el camino de la redención.

En los sistemas gnósticos ligados a la tradición valentiniana, los Eones son presentados de forma detallada y altamente ordenada, formando una cadena de emanaciones que parten de la profundidad insondable del Padre Supremo hasta los límites externos del Pleroma. Cada Eón es concebido como una manifestación complementaria de otro, configurando pares o sizigias que simbolizan el equilibrio entre principios masculinos y femeninos en el corazón de la realidad divina. Esta concepción dinástica y relacional enfatiza la armonía y la interdependencia de todas las emanaciones, destacando la progresiva manifestación de la divinidad a través de un proceso de autoconocimiento y autoexpresión. En contraste, en el setianismo, la estructura Eónica es menos jerárquica y más centrada en una tríada primordial —Padre, Madre e Hijo— donde Barbelo, la Madre Divina, asume un papel central como matriz cósmica y fuente de todas las emanaciones subsecuentes. En este contexto, los Eones setianos son menos numerosos y menos rígidamente organizados, reflejando una concepción más mítica y menos sistemática de la realidad espiritual, en que el misterio de la emanación divina es priorizado sobre la construcción de una orden genealógica meticulosa.

    Estas variaciones no se limitan a la cantidad o a la organización interna de los Eones, sino que también se reflejan en los atributos, funciones y simbolismos asociados a ellos. En los sistemas valentinianos, cada Eón representa una cualidad divina específica, como Verdad, Gracia, Inteligencia o Unión, componiendo una especie de vocabulario sagrado que expresa la totalidad de las potencias espirituales del Pleroma. En el setianismo, por otro lado, los Eones frecuentemente asumen nombres y funciones ligadas a arquetipos cósmicos y mitológicos, como el Oculto (Kalyptos) o el Autogenerado (Autógenes), sugiriendo una cosmología en que los Eones desempeñan papeles activos en el drama cósmico de la caída y la redención. Esta plasticidad conceptual demuestra cómo el pensamiento gnóstico fue capaz de reinterpretar y resignificar continuamente la función de los Eones, adaptándolos a las necesidades simbólicas y espirituales de diferentes comunidades. Esta fluidez permitió que el concepto de Eones sirviera como un puente entre la experiencia mística individual y la especulación metafísica colectiva, proporcionando un lenguaje simbólico capaz de expresar tanto las visiones teológicas más abstractas como las experiencias espirituales más íntimas.

De esta forma, la diversidad Eónica en los sistemas gnósticos no representa un obstáculo a la comprensión de la doctrina, sino un testimonio de su vitalidad creativa y de su apertura para la multiplicidad de perspectivas e interpretaciones. Cada escuela gnóstica, al reorganizar y renombrar los Eones, no está solo componiendo un nuevo mapa cósmico, sino ofreciendo una clave de lectura específica para el drama del alma humana en su exilio y en su búsqueda de retorno a lo divino. La variación de los Eones es, por lo tanto, una expresión directa de la visión gnóstica de que lo divino es inagotable y que cada intento de nombrarlo o describir sus emanaciones es solo una faceta parcial de una verdad mayor, siempre abierta a nuevas revelaciones y nuevos caminos de comprensión. Comprender esta pluralidad Eónica es reconocer el pensamiento gnóstico como un campo fértil de diálogo entre tradición e innovación, entre mito y filosofía, entre experiencia personal y visión cósmica, donde lo divino se revela no como una verdad única e inmutable, sino como una infinita posibilidad de emanación y retorno.

Dentro del panorama gnóstico, el sistema valentiniano, originado de las enseñanzas de Valentino de Alejandría en el siglo II d.C., se destaca por su elaborada y refinada cosmología Eónica. Valentino y sus seguidores desarrollaron un sistema complejo de emanaciones divinas, detallando la genealogía y las relaciones entre los Eones de manera minuciosa. En el sistema valentiniano, el Pleroma es estructurado como una jerarquía dinástica, con pares de Eones (sizigias) emanando unos de otros en una progresión descendente, desde los principios primordiales hasta las manifestaciones más distantes de la Divinidad Suprema.

En el ápice de la jerarquía valentiniana reside la primera sizigia, compuesta por el Padre Inefable o Profundidad (Bythos) y por el Pensamiento (Ennoia o Sige, Silencio). Bythos representa el principio primordial, trascendente e incognoscible de la Divinidad Suprema, mientras Ennoia es su pensamiento o conciencia primordial, el principio femenino que lo complementa. De esta primera sizigia emana la segunda, constituida por Mente (Nous o Monogenes, Unigénito) y Verdad (Aletheia). Nous representa la inteligencia divina, la capacidad de conocer y discernir, mientras Aletheia es la verdad primordial, el conocimiento perfecto de la realidad divina.

A partir de la sizigia de Nous y Aletheia, emanan otras sizigias, cada una manifestando atributos y funciones específicas dentro del Pleroma. Estas emanaciones continúan en progresión geométrica, formando una jerarquía compleja de treinta Eones (en algunas versiones, treinta y dos), dispuestos en diversos órdenes y agrupamientos. Entre los Eones valentinianos más conocidos, se destacan Verbo (Logos) y Vida (Zoe), Hombre (Anthropos) e Iglesia (Ecclesia), Cristo y Espíritu Santo, Fe (Pistis) y Esperanza (Elpis), Caridad (Agape) y Perfección (Teleiosis), entre muchos otros. Cada Eón valentiniano personifica una cualidad divina, un aspecto de la perfección y de la plenitud del Pleroma, contribuyendo a la riqueza y a la complejidad del reino espiritual.

En contraste con la elaborada jerarquía valentiniana, el sistema setiano, originado de grupos gnósticos que se reivindicaban descendientes de Set, el tercer hijo de Adán, presenta una cosmología Eónica con características distintas. El setianismo, cuyos textos fueron encontrados en Nag Hammadi, enfatiza la figura de Set como un ancestral espiritual de la linaje gnóstica y presenta una cosmogonía que se distancia en algunos aspectos de la visión valentiniana. Aunque el concepto de Eones también está presente en el setianismo, la organización jerárquica y la nomenclatura de estos seres espirituales difieren significativamente.

En el sistema setiano, la Divinidad Suprema es frecuentemente designada como el Espíritu Invisible e Inefable, o simplemente el Padre. De esta fuente primordial emana una tríada de seres primordiales: el

Padre, la Madre y el Hijo. La Madre, en el setianismo, asume un papel prominente, frecuentemente identificada como Barbelo, un Eón femenino primordial asociado a la sabiduría divina y a la fuerza creativa. Barbelo es vista como la primera emanación del Padre, su imagen perfecta y el principio femenino que lo complementa. El Hijo, en la tríada setiana, es generalmente identificado con Autógenes (Auto-Generado) o Cristo, representando la manifestación de la inteligencia y de la luz divina en el Pleroma.

A partir de esta tríada primordial setiana, emanan otras generaciones de Eones, formando una jerarquía menos elaborada y menos dinástica que la valentiniana. El sistema setiano tiende a enfatizar la unidad y la trascendencia de la Divinidad Suprema, con un número menor de Eones y una menor énfasis en la genealogía y en las relaciones familiares entre ellos. Algunos Eones setianos prominentes incluyen Kalyptos (El Oculto), Protophanes (Primera Manifestación), Triplopróprôs (Triplemente Providencial) y muchos otros, cada uno con atributos y funciones específicas dentro de la cosmología setiana.

Al comparar las jerarquías Eónicas valentiniana y setiana, algunas semejanzas y diferencias notorias emergen. Ambos sistemas comparten la creencia fundamental en Eones como emanaciones de la Divinidad Suprema, habitantes del Pleroma e intermediarios entre el mundo trascendente y el mundo material. Ambos sistemas también reconocen la existencia de una jerarquía de seres espirituales, con diferentes niveles de proximidad con la Divinidad

Suprema y diferentes funciones dentro de la orden cósmica. La presencia de Eones como Cristo y Sophia, aunque con diferentes matices de interpretación, también es un rasgo común a ambos sistemas.

Sin embargo, las diferencias entre las jerarquías Eónicas valentiniana y setiana son también significativas. El sistema valentiniano se destaca por su elaboración y detallamiento genealógico, con un número mayor de Eones organizados en sizigias y jerarquías complejas. El setianismo, por su parte, presenta una jerarquía más simplificada, con un menor número de Eones y un énfasis en la tríada primordial Padre-Madre-Hijo. La nomenclatura de los Eones también varía considerablemente entre los dos sistemas, reflejando diferentes énfasis teológicos y cosmológicos. Mientras el sistema valentiniano tiende a enfatizar la procesión gradual e jerárquica de la emanación divina, el setianismo parece priorizar la unidad y la trascendencia de la Divinidad Suprema y el papel primordial de la Madre Divina, Barbelo.

Las variaciones Eónicas en diferentes sistemas gnósticos pueden ser atribuidas a diversos factores, incluyendo diferentes interpretaciones de las escrituras, influencias filosóficas diversas y la evolución histórica del pensamiento gnóstico a lo largo del tiempo. Las diferentes comunidades gnósticas, esparcidas por diversas regiones del mundo antiguo, desarrollaron sus propias interpretaciones y elaboraciones de la cosmología Eónica, reflejando sus contextos culturales, sus preocupaciones teológicas y sus experiencias espirituales específicas. La diversidad Eónica, por lo tanto, es un testimonio de la riqueza y de la vitalidad del pensamiento gnóstico, de su capacidad de adaptarse y de expresarse de múltiples formas, preservando al mismo tiempo un núcleo común de ideas y principios.

Más allá de los sistemas valentiniano y setiano, otras escuelas y corrientes gnósticas también presentaron variaciones en sus jerarquías Eónicas. El sistema basilidiano, por ejemplo, desarrollado por Basílides de Alejandría en el siglo II d.C., propuso una cosmología Eónica aún más compleja y elaborada que la valentiniana, con un número aún mayor de Eones y jerarquías intrincadas. Otras corrientes gnósticas, como el mandeísmo y el maniqueísmo, aunque no se encajen perfectamente en la categoría de gnosticismo cristiano, también desarrollaron sistemas cosmológicos con entidades espirituales intermediarias que pueden ser comparadas, en cierta medida, a los Eones gnósticos.

La visión comparativa de las variaciones Eónicas en diferentes sistemas gnósticos nos permite apreciar la riqueza y la diversidad del pensamiento gnóstico y su capacidad de generar múltiples interpretaciones y elaboraciones de la cosmología espiritual. Reconocer estas variaciones es fundamental para evitar generalizaciones excesivas y para comprender la complejidad y el matiz del legado gnóstico. La diversidad Eónica no debilita la noción central de Eones como emanaciones divinas, sino que la enriquece, revelando las múltiples facetas y las infinitas posibilidades de expresión de lo divino en el universo gnóstico. La exploración de las variaciones Eónicas es, por lo tanto, un camino para una comprensión más profunda y más completa del pensamiento gnóstico y de su visión singular de la realidad espiritual.

Capítulo 15
Críticas del Concepto

Desde sus primeras formulaciones en las tradiciones gnósticas, el concepto de Eones ha despertado tanto fascinación como resistencia, especialmente cuando se confrontó con la emergente ortodoxia cristiana y sus esfuerzos por consolidar una visión teológica unificada y monoteísta. Los Eones, concebidos como emanaciones de la Divinidad Suprema y habitantes de una esfera de plenitud espiritual, presentaban una estructura cosmológica que desafiaba la simplicidad y la unicidad de Dios, fundamentos centrales de la fe cristiana naciente. Mientras que para los gnósticos los Eones representaban aspectos de la propia divinidad en su despliegue creativo, para los pensadores cristianos ortodoxos esta multiplicidad de potencias espirituales fue rápidamente interpretada como una forma velada de politeísmo, una fragmentación inadmisible de la unidad divina. El propio hecho de que el Pleroma estuviera habitado por emanaciones jerarquizadas y polarizadas en pares masculino-femenino fue leído como una ruptura de la simplicidad divina, que, según la teología ortodoxa, no necesitaba desdoblamientos o complementos internos para expresar su plenitud y perfección.

Además de la acusación de diluir la unidad divina, el concepto de Eones fue criticado por implicar una visión de la creación y del cosmos radicalmente distinta de la doctrina de la creación ex nihilo. En lugar de afirmar un acto creador directo, libre y soberano, la cosmología gnóstica postulaba un proceso de emanaciones sucesivas, donde cada Eón, al surgir, traía consigo una leve degradación o distanciamiento en relación con la plenitud original. Esta visión cíclica y descendente de la creación no solo contrastaba con la idea de un universo creado como esencialmente bueno, sino que también introducía una gradación ontológica que comprometía la igualdad fundamental de todas las criaturas ante el Creador. Los Padres de la Iglesia, especialmente Ireneo de Lyon, combatieron esta noción al defender una relación directa y personal entre Dios y la creación, sin la necesidad de intermediarios divinos o jerarquías espirituales que filtraran o limitaran el contacto entre Creador y criatura. La existencia de Eones era, por lo tanto, vista como una complicación innecesaria y teológicamente peligrosa, que alejaba al hombre de la confianza en un Dios accesible e inmanente, sustituyendo esta relación directa por una red de potencias y barreras que distanciaban el alma de su Creador.

Si históricamente el concepto de Eones fue rechazado como herético e incompatible con la visión cristiana ortodoxa, el pensamiento moderno y contemporáneo, especialmente en las áreas de psicología profunda, filosofía de la religión y espiritualidad esotérica, trajo una revalorización simbólica y arquetípica de esos mismos Eones. Para pensadores como Carl Jung, los Eones dejaron de ser solo entidades metafísicas y pasaron a ser comprendidos como representaciones arquetípicas de dinámicas psíquicas fundamentales. En sus investigaciones sobre la alquimia y el gnosticismo, Jung vio en los Eones personificaciones simbólicas de los procesos de individuación, donde la psique busca integrar y equilibrar sus polaridades internas — masculino y femenino, consciente e inconsciente, luz y sombra. En esta clave psicológica, los Eones se convirtieron en espejos de las estructuras internas del alma humana, mapas simbólicos de la búsqueda por totalidad y sentido, traduciendo en imágenes mitológicas los mismos procesos que, en el campo de la psicología analítica, emergen como crisis existenciales, transformaciones de identidad y procesos de autoconocimiento.

Este rescate simbólico del concepto de Eones permitió que, incluso fuera del contexto gnóstico original, estas entidades espirituales fueran reinterpretadas como arquetipos universales, presentes en múltiples culturas y tradiciones espirituales. En movimientos esotéricos contemporáneos y en la llamada espiritualidad de la Nueva Era, los Eones fueron reintroducidos como inteligencias cósmicas, guías espirituales o manifestaciones de cualidades divinas accesibles a la conciencia humana por medio de prácticas meditativas, visiones místicas o rituales de invocación. Esta apropiación moderna no solo flexibilizó el concepto, adaptándolo a diferentes lenguajes espirituales y filosóficos, sino que también reforzó su actualidad como símbolo de una realidad espiritual que trasciende dogmas y sistemas religiosos fijos. Así, incluso siendo objeto de severas críticas históricas y teológicas, el concepto de Eones permanece vivo como una expresión plástica y dinámica de la eterna búsqueda humana por comprender su origen divino, su fragmentación existencial y el camino de retorno a la fuente primordial, sea ella descrita como Pleroma, Self o Conciencia Cósmica.

Las críticas históricas al concepto de Eones se originaron principalmente en el seno del cristianismo ortodoxo, a partir del siglo II d.C., cuando los Padres de la Iglesia, como Ireneo de Lyon, Hipólito de Roma y Tertuliano, se dedicaron a refutar las doctrinas gnósticas consideradas heréticas y desviadas de la fe cristiana auténtica. Estos polemistas cristianos, en sus obras de combate a la gnosis, dirigieron críticas contundentes al concepto de Eones, cuestionando su validez teológica y su compatibilidad con la mensaje evangélico. Las críticas ortodoxas a los Eones se centraron en diversos puntos cruciales de la cosmología gnóstica.

Uno de los principales puntos de crítica ortodoxa a los Eones se refiere a su origen y a su naturaleza en relación con la Divinidad Suprema. Los Padres de la Iglesia argumentaban que la emanación de los Eones a partir de la Mónada, tal como era descrita por los gnósticos, comprometía la unidad y la simplicidad de Dios, introduciendo una jerarquía compleja y potencialmente divisoria dentro de la propia esencia divina. Para los ortodoxos, Dios es uno e indivisible, el creador absoluto de todas las cosas a partir de la nada, y no una fuente primordial que emana una serie de seres espirituales intermediarios. La emanación de los Eones era vista como una forma de politeísmo disfrazado o como una dilución de la divinidad, incompatible con la fe monoteísta y con la doctrina de la creación ex nihilo.

Otra crítica ortodoxa relevante a los Eones se refiere a su papel en la creación del mundo material y a la figura del Demiurgo. Los Padres de la Iglesia rechazaban la visión gnóstica de un mundo material creado por una entidad imperfecta e ignorante de la verdadera Divinidad Suprema, argumentando que Dios, siendo bueno y omnipotente, es el único creador del universo, incluyendo tanto el mundo espiritual como el mundo material. La dualidad gnóstica entre un Dios trascendente y bueno y un Demiurgo creador e imperfecto era considerada herética, pues implicaba una división en la divinidad y una visión pesimista de la creación, incompatible con la bondad y la providencia divinas. La identificación del Demiurgo con el Dios del Antiguo Testamento, presente en algunas vertientes gnósticas, era también fuertemente criticada por los ortodoxos, que defendían la unidad y la continuidad entre el Dios del Antiguo y del Nuevo Testamento.

Además de las críticas teológicas, los Padres de la Iglesia también cuestionaban la validez de las fuentes gnósticas, como los Evangelios Apócrifos y los textos gnósticos en general, considerados espurios, tardíos y desprovistos de autoridad apostólica. Los textos gnósticos eran vistos como obras de sectas heréticas, destinadas a desviar a los fieles de la verdadera fe cristiana y a propagar doctrinas falsas y engañosas. La autoridad de las escrituras canónicas, del Antiguo y del Nuevo Testamento, era contrapuesta a la supuesta falsedad y fragilidad de las fuentes gnósticas, consideradas indignas de crédito y contrarias a la tradición apostólica.

A pesar de las críticas históricas, el concepto de Eones resurge en el pensamiento moderno, encontrando nuevas interpretaciones y aplicaciones en diversos campos del saber y de la espiritualidad. En la filosofía, el concepto de Eón ha sido rescatado por pensadores que buscan alternativas al paradigma mecanicista y reduccionista de la ciencia moderna, proponiendo visiones de mundo más orgánicas, holísticas y animistas. Algunos filósofos contemporáneos, inspirados en el pensamiento de autores como Carl Jung y Mircea Eliade, exploran el concepto de Eón como un arquetipo primordial de la conciencia humana, un símbolo de la totalidad psíquica y de la búsqueda por sentido y trascendencia. En esta perspectiva, los Eones no son necesariamente entidades espirituales reales, sino representaciones simbólicas de fuerzas y procesos psíquicos profundos, que actúan en el inconsciente colectivo y que moldean la experiencia humana.

En la psicología, especialmente en la psicología analítica de Jung, el concepto de Eón encuentra resonancia en la noción de arquetipos y de símbolos colectivos. Jung, influenciado por el gnosticismo y por el hermetismo, reconoció la importancia de los símbolos y de las imágenes arquetípicas en la dinámica de la psique humana y en la jornada de individuación. El concepto de Eón, para Jung, puede ser visto como un arquetipo de la totalidad, de la integración de los opuestos y de la búsqueda por la unidad psíquica. La figura de Cristo, como Eón salvador en la gnosis, es interpretada por Jung como un arquetipo central de la psique humana, un símbolo del self, el centro integrador de la personalidad total. La psicología junguiana, al explorar los símbolos y los arquetipos gnósticos, contribuye a una comprensión más profunda de la dimensión simbólica y arquetípica del concepto de Eones.

En la espiritualidad contemporánea, el concepto de Eones ha sido rescatado e reinterpretado en diversas corrientes y movimientos, desde la espiritualidad de la Nueva Era hasta el neognosticismo y el esoterismo moderno. En algunos contextos, los Eones son vistos como seres espirituales reales, jerarquías de inteligencias cósmicas que actúan como guías y auxiliares en la jornada espiritual. En otros contextos, los Eones son interpretados de forma más simbólica y metafórica, como representaciones de cualidades divinas, fuerzas arquetípicas o aspectos de la conciencia cósmica. La búsqueda por la conexión con los Eones, a través de la meditación, de la visualización creativa o de prácticas rituales, se convierte en un camino para expandir la conciencia, acceder a la sabiduría interior y vivenciar la presencia de lo divino en la vida cotidiana.

La relevancia y el valor del estudio de los Eones en el siglo XXI residen en su capacidad de ofrecer una perspectiva alternativa y enriquecedora sobre la espiritualidad, la cosmología y la condición humana. En un mundo marcado por el materialismo, por el racionalismo y por la fragmentación, el concepto de Eones nos invita a redescubrir la dimensión mística y simbólica de la realidad, a reconocer la existencia de planos de conciencia más amplios y profundos, y a buscar una conexión más directa y significativa con lo divino. El estudio de los Eones puede contribuir a una revitalización de la espiritualidad frente a los desafíos contemporáneos, ofreciendo un camino para la búsqueda de sentido, para la transformación interior y para la reconexión con nuestra propia esencia divina. A pesar de las críticas históricas y de las diferentes interpretaciones modernas, el concepto de Eones permanece como un legado rico e inspirador del cristianismo esotérico, una invitación a la exploración de las profundidades de la conciencia y a la búsqueda de la unión con el misterio último de la existencia.

Capítulo 16
La Misión Redentora de Cristo

La manifestación de Cristo como Eón Salvador emerge como un hito decisivo en la trayectoria espiritual de la humanidad, introduciendo una dinámica redentora que sobrepasa concepciones tradicionales de salvación vinculadas a la culpa, al pecado y a la necesidad de expiación. Cristo, en este contexto esotérico y gnóstico, se presenta como una emanación directa de la plenitud divina, el Pleroma, cargando en su esencia la luz primordial y el conocimiento trascendente capaz de romper las cadenas de la ignorancia que mantienen a las almas cautivas en la materialidad. Su venida no representa solo el descenso de un enviado divino para cumplir una profecía histórica, sino, más bien, la irrupción de una presencia cósmica que introduce en el mundo caído la posibilidad real de reintegración a lo divino. Este Cristo, revestido de la luz inefable del Pleroma, no es una figura distante o inaccesible, sino un mediador cósmico cuya misión es despertar lo que hay de divino adormecido en cada alma, recordándole su origen celeste y conduciéndola de vuelta a la fuente eterna. Así, su misión redentora no se limita a eventos históricos o a rituales exteriores, sino que se desarrolla en lo íntimo de cada ser humano, en el despertar de su chispa divina y en el progresivo reconocimiento de su verdadera identidad espiritual.

Al asumir su misión en el mundo material, Cristo no se limita a enseñar doctrinas o preceptos morales, sino que incorpora en su propia manifestación la revelación de la Gnosis, el conocimiento secreto y transformador que conduce al alma a la liberación. Su presencia es, por sí sola, una ruptura en el tejido de la realidad ilusoria, un rasgo luminoso que permite a las almas capturadas por la ignorancia y el olvido vislumbrar la verdad esencial oculta bajo las capas de condicionamiento y sufrimiento. La actuación de Cristo como Eón Salvador trasciende la palabra escrita y la tradición oral; él actúa como un puente vivo entre el Pleroma y el mundo decaído, ofreciendo a cada alma la posibilidad de acceder directamente a la luz primordial, sin intermediarios o estructuras religiosas rígidas. Su redención no consiste en satisfacer una justicia divina exterior o rescatar a la humanidad de una condenación eterna, sino en disolver las ilusiones que sustentan el sufrimiento humano y el ciclo incesante de nacimiento y muerte, permitiendo que cada ser reconozca su filiación divina y retorne, consciente y despierto, a la comunión con lo Inefable.

La misión redentora de Cristo, por lo tanto, se revela como una jornada interior de autoconocimiento y despertar espiritual, donde cada alma es llamada a trascender las ilusiones del ego y del mundo sensorial para reconocerse como expresión directa de la luz divina. Esta redención, fundamentada en la Gnosis, no depende de creencias exteriores o de adhesión a dogmas y rituales, sino de la vivencia directa de la verdad espiritual que Cristo encarna y revela. Él es simultáneamente maestro, camino y presencia redentora, ofreciéndose como espejo luminoso en el cual cada alma puede vislumbrar su propia esencia divina. A través de este reconocimiento, el alma rescata su memoria primordial, se recuerda de su verdadero origen e inicia el proceso de ascensión espiritual, retornando al Pleroma por la vía del conocimiento y de la integración con lo divino. En este sentido, la misión redentora de Cristo Eón Salvador no es solo un evento histórico localizado, sino una invitación permanente y atemporal a la humanidad para despertar de su sueño existencial, reconocer la chispa divina en sí misma y, por medio de la Gnosis, reintegrarse conscientemente a la plenitud del Ser absoluto.

La naturaleza divina de Cristo, como Eón Salvador, reside en su origen primordial en el Pleroma, el reino de la plenitud divina. En la cosmología gnóstica, Cristo no es una criatura o un ser creado, sino una emanación de la propia Divinidad Suprema, compartiendo su naturaleza eterna e inmutable. Este origen divino confiere a Cristo una autoridad y un poder únicos, situándolo en un nivel superior a todas las criaturas del mundo material e incluso a otras jerarquías espirituales inferiores al Pleroma. Cristo, como Eón, existe desde antes de la creación del mundo material, habitando el reino de la luz increada y participando de la plenitud divina en su origen primordial. Su venida al mundo material, por lo tanto, no es una encarnación en el sentido tradicional, sino una manifestación, un descenso de su presencia divina en un contexto temporal y material, con un propósito redentor específico.

El papel de Cristo como Eón Salvador se manifiesta de forma primordial en su misión redentora. En la perspectiva gnóstica, la redención de la humanidad no se refiere primariamente a la salvación de la condenación eterna o a la remisión de los pecados a través del sacrificio vicario, sino a la liberación de la ignorancia y de la ilusión que aprisionan el alma humana en el mundo material. La humanidad, en la visión gnóstica, se encuentra en un estado de exilio espiritual, olvidada de su verdadera naturaleza divina y alienada de su origen en el Pleroma. La misión de Cristo como Eón Salvador es despertar la conciencia humana a esta realidad, revelar la Gnosis, el conocimiento salvador, y ofrecer el camino para el retorno al reino de la luz.

La redención ofrecida por el Eón Cristo no es, por lo tanto, una salvación "de" algo externo, como el pecado o la ira divina, sino una salvación "para" algo interno, el despertar de la conciencia y la realización de la identidad divina. Cristo no se sacrifica para apaciguar la justicia divina o para pagar una deuda contraída por la humanidad, sino que se manifiesta en el mundo para transmitir la Gnosis, el conocimiento que libera el alma de la ignorancia y la reconduce a su origen primordial. La redención gnóstica es, esencialmente, un proceso de autoconocimiento, de descubrimiento de la chispa divina interior y de ascensión de la conciencia a las dimensiones espirituales superiores de la realidad. Cristo, como Eón Salvador, es el guía y el facilitador de este proceso, el maestro que revela el camino y el compañero que acompaña la jornada del alma en busca de la Gnosis.

La mensaje de Cristo, en la perspectiva gnóstica, se centra en la revelación de la Gnosis como camino de liberación espiritual. Las enseñanzas de Cristo, preservadas en los textos gnósticos, no se limitan a preceptos morales o dogmas religiosos, sino a principios e insights que buscan despertar la conciencia e iluminar la mente para la verdad espiritual. Cristo invita a la búsqueda interior, al autoconocimiento, a la contemplación y a la experiencia mística como vías de acceso a la Gnosis y a la redención. Su mensaje es un llamado a la transformación radical de la conciencia, a un cambio de perspectiva que trasciende la visión limitada e ilusoria del mundo material y se abre a la vastedad y la profundidad de la realidad espiritual. La salvación, en el mensaje de Cristo Eón Salvador, es un estado de ser, una condición de conciencia despierta e iluminada, alcanzada a través de la Gnosis y de la unión con lo divino.

Es importante contrastar la misión redentora del Eón Cristo con la visión predominante de la redención en el cristianismo exotérico u ortodoxo. Mientras que el cristianismo ortodoxo enfatiza la fe en Cristo como sacrificio expiatorio, la gracia divina como don inmerecido y la participación en los sacramentos como medios de salvación, el cristianismo esotérico, a través de la figura del Eón Cristo Salvador, propone un camino de redención intrínsecamente ligado al conocimiento, a la experiencia mística y a la transformación interior. La

Gnosis, y no la fe dogmática o la mera observancia ritual, emerge como el elemento central de la soteriología gnóstica. La redención no es vista como un evento externo o un acto jurídico de perdón divino, sino como un proceso interno de despertar de la conciencia y de realización de la naturaleza divina del alma.

La figura de Cristo como Eón Salvador, por lo tanto, representa una perspectiva singular y enriquecedora sobre la redención en el contexto cristiano. Ofrece un camino de salvación que valora la búsqueda del conocimiento, la experiencia mística y la transformación de la conciencia, resonando con la sed humana por la trascendencia y por un sentido más profundo en la vida. El mensaje de Cristo Eón Salvador invita a ir más allá de las formas exteriores de la religión, a buscar la experiencia directa de la verdad espiritual y a recorrer el camino de la Gnosis en dirección a la liberación y a la unión con la Divinidad Suprema. La comprensión de Cristo como Eón Salvador abre nuevas avenidas para la exploración de la fe cristiana, desvelando dimensiones místicas y esotéricas que enriquecen su mensaje y expanden su potencial transformador. La figura del Cristo Eón Salvador permanece como un guía luminoso en la jornada del alma en busca de la Gnosis y de la redención espiritual, ofreciendo una visión de esperanza y de liberación para la humanidad aprisionada en la ilusión del mundo material.

Capítulo 17
Cristo en la Jerarquía Aeónica

Cristo ocupa una posición de profundo significado dentro de la estructura del Pleroma, no solo como un Aeon entre muchos otros, sino como una expresión directa de la voluntad divina de reconducir las emanaciones perdidas a su estado original de plenitud. En su esencia primordial, Cristo encarna el puente mismo entre la infinitud de la Fuente Suprema y la multiplicidad de los Aeones, siendo portador no solo de la luz del conocimiento divino, sino de la capacidad de reintegrar lo fragmentado al Uno. Su posición en el Pleroma no es meramente una cuestión de jerarquía, sino que refleja la función cósmica que le corresponde desempeñar: restaurar la armonía donde el desequilibrio se ha instalado, revelar el camino de la ascensión espiritual y actuar como eco vivo de la mente divina. Esta centralidad funcional de Cristo no lo coloca en posición de tiranía espiritual o supremacía autoritaria, sino como eje axial por medio del cual las demás emanaciones espirituales pueden realinearse con su origen. Él es, simultáneamente, el reflejo perfecto de la Unidad en el seno de la pluralidad y la mano extendida de la plenitud para rescatar lo que ha caído en el olvido y la dispersión.

La naturaleza singular de Cristo se revela también en su función reparadora ante el drama de la fragmentación original. Cuando Sophia, en su anhelo por conocer directamente la Fuente, precipitó la perturbación que dio origen a la materia y a la distancia entre el Pleroma y el mundo inferior, fue a través de la emanación de Cristo que la orden divina encontró su vía de restauración. Cristo, por lo tanto, no es solo un Aeon más entre emanaciones de luz, sino la propia manifestación de la compasión y de la inteligencia redentora del Pleroma, aquel que asume la responsabilidad de guiar a todas las almas perdidas de vuelta a la conciencia de su origen. Este papel reparador y reconciliador no disminuye a los demás Aeones, pero destaca la función específica de Cristo como mediador directo entre lo Inefable y lo manifiesto. Él es la voz que traduce el silencio primordial en revelación accesible; es la luz que atraviesa las sombras de la ignorancia sin contaminarse con ellas; es el conocimiento encarnado que rescata la chispa divina sepultada en la materia densa.

Aunque comparte la misma esencia divina de todos los Aeones, la misión específica de Cristo como revelador y redentor lo destaca como una expresión privilegiada de la Voluntad Suprema. A diferencia de Aeones cuya función es preservar la armonía en el Pleroma o sostener las estructuras invisibles de la creación, Cristo es aquel que atraviesa las fronteras del Pleroma, adentrándose en los dominios de la materia y del olvido, sin perder su conexión con la Fuente. Esta travesía, realizada por amor a las emanaciones perdidas, constituye el corazón de su misión: recordar al alma humana su verdadera origen, disolver los velos de la ilusión y reabrir el camino de la ascensión espiritual. Cristo es, así, la síntesis de todos los caminos, el mapa y el guía, la presencia viva de la plenitud en el seno de la limitación, ofreciéndose eternamente como espejo en el cual cada alma puede contemplar su propia luz oculta y reencontrar su camino de retorno al Pleroma.

Una vertiente del pensamiento gnóstico tiende a situar a Cristo en una posición de superioridad jerárquica dentro del Pleroma. En esta perspectiva, Cristo es considerado un Aeon primario, emanado directamente de la Mónada o de una de las primeras sizigias divinas, ocupando un lugar de destaque y preeminencia en relación con los demás Aeones. Esta superioridad jerárquica de Cristo es frecuentemente justificada por su misión redentora única y universal, su papel como revelador de la Gnosis y guía para la salvación de la humanidad, y su proximidad especial con la Divinidad Suprema. Cristo, en esta visión, sería el "primogénito" entre los Aeones, el representante más directo y poderoso de la voluntad divina en el cosmos, el mediador supremo entre el Pleroma y el mundo material.

Textos gnósticos como el Evangelio de la Verdad y el Apócrifo de Juan, aunque no explicitan una jerarquía Aeónica rígida, sugieren una posición especial para Cristo. En el Evangelio de la Verdad, Cristo es descrito como la voz del Padre, el revelador del misterio divino y el portador del conocimiento que libera de la ignorancia. En el Apócrifo de Juan, Cristo es presentado como una emanación primordial, manifestada para corregir la falla de Sophia y restaurar el orden cósmico, indicando un papel singular y una autoridad divina superior. Estos textos, y otros de la biblioteca de Nag Hammadi, pueden ser interpretados como corroborando una visión de Cristo como un Aeon con un estatus jerárquico elevado dentro del Pleroma, aunque sin explicitar una jerarquía rígida e inmutable.

Otra vertiente del pensamiento gnóstico, por otro lado, tiende a enfatizar la igualdad fundamental entre Cristo y los otros Aeones, situándolo en un plano de paridad en relación con los demás seres espirituales del Pleroma. En esta perspectiva, Cristo es visto como un Aeon entre otros, compartiendo la misma naturaleza divina y el mismo origen en la emanación de la Mónada. Su especificidad residiría no en una superioridad jerárquica, sino en su misión redentora particular y en su función de revelador de la Gnosis, que lo distingue de los demás Aeones en términos de papel y actuación cósmica, pero no en términos de esencia divina o estatus ontológico. En esta visión, todos los Aeones, incluyendo Cristo, son manifestaciones de la misma Divinidad Suprema, expresiones de la misma plenitud divina, y participan en igual medida de la naturaleza eterna e inmutable del Pleroma.

Textos como el Evangelio de Felipe y el Evangelio de Tomás, en sus enfoques menos jerárquicos y más enfocados en la experiencia de la Gnosis, pueden ser interpretados como corroborando una visión de igualdad entre los Aeones. El Evangelio de Felipe, con su énfasis en la unión mística con Cristo y en la experiencia de los sacramentos gnósticos, parece sugerir un acceso directo a la divinidad a través de la Gnosis, sin necesariamente enfatizar una jerarquía rígidamente definida entre Cristo y los otros seres espirituales. El Evangelio de Tomás, con sus dichos secretos de Jesús, se concentra en la búsqueda interior y en la realización de la identidad divina dentro de cada individuo, sugiriendo un camino de iluminación que trasciende jerarquías externas y se enfoca en la experiencia directa de la verdad espiritual. Estos textos pueden ser interpretados como indicando una visión de Cristo como un guía y un ejemplo en el camino de la Gnosis, pero no necesariamente como una figura jerárquicamente superior a los demás Aeones en términos de esencia divina.

La cuestión de la superioridad o igualdad de Cristo en la Jerarquía Aeónica puede ser vista como una cuestión de énfasis y perspectiva teológica dentro de la diversidad del pensamiento gnóstico. Ambas visiones, superioridad e igualdad, pueden ser encontradas en diferentes textos y tradiciones gnósticas, reflejando diferentes maneras de comprender la figura de Cristo y la estructura del Pleroma. La visión de la superioridad jerárquica de Cristo puede enfatizar su singularidad e importancia para la soteriología gnóstica, destacando su papel único como revelador de la Gnosis y guía para la redención. La visión de la igualdad entre Cristo y los otros Aeones puede, por otro lado, enfatizar la unidad de la Divinidad Suprema y la igualdad fundamental de todos los seres espirituales que emanan de ella, resaltando la accesibilidad de la Gnosis y la posibilidad de unión con lo divino para todos los buscadores espirituales.

Es importante notar que, incluso en las vertientes que enfatizan la superioridad jerárquica de Cristo, esta superioridad no implica una dominación autoritaria o una jerarquía de poder en el sentido mundano. La jerarquía Aeónica, en su esencia, es una jerarquía de función y de irradiación de luz divina, no una jerarquía de poder o de opresión. Cristo, incluso en una posición de destaque, actúa en armonía y cooperación con los demás Aeones, en busca del bien común y de la realización del plan divino. La jerarquía Aeónica refleja el orden y la organización inherentes al cosmos espiritual, pero también su unidad e interconexión.

La discusión sobre el lugar de Cristo en la Jerarquía Aeónica no es meramente un debate teológico abstracto, sino una reflexión que tiene implicaciones para la práctica espiritual y para la comprensión de la jornada gnóstica. Si Cristo es visto como jerárquicamente superior, la devoción y la invocación de Cristo como guía y salvador pueden ser enfatizadas como un camino privilegiado para la Gnosis y la redención. Si Cristo es visto como igual a los demás Aeones en esencia divina, la búsqueda de la Gnosis puede ser entendida como un camino más amplio e inclusivo, involucrando la conexión con diferentes Aeones y la exploración de diversas dimensiones de la realidad espiritual.

La cuestión de la superioridad o igualdad de Cristo en la Jerarquía Aeónica permanece abierta, reflejando la diversidad y la riqueza del pensamiento gnóstico. Ambas perspectivas ofrecen insights valiosos sobre la figura de Cristo y el cosmos espiritual gnóstico, invitando a una reflexión profunda y a una búsqueda personal por la comprensión de la verdad divina. La exploración del lugar de Cristo en la Jerarquía Aeónica nos permite apreciar la complejidad y el matiz del cristianismo esotérico y su visión singular de la figura de Cristo como un Aeon Salvador, un guía luminoso en la jornada del alma en busca de la Gnosis y de la unión con lo divino.

Capítulo 18
La Misión de Cristo en el Mundo Material

El descenso del Eón Cristo al mundo material representa la expresión más elevada de la compasión divina en favor de la humanidad aprisionada en los engranajes de un cosmos marcado por el olvido y la fragmentación. Su venida al plano de la materia no resulta de una imposición externa o de una obligación cósmica arbitraria, sino de una decisión consciente enraizada en la propia esencia del Pleroma, donde la plenitud de la luz divina, al reconocer el dolor de las chispas exiliadas, emana voluntariamente al Salvador para rescatar lo que se perdió. Cristo no invade el mundo material como un conquistador o juez, sino que se adentra en la urdimbre de la creación corrompida con la suavidad y la fuerza de quien lleva la verdad que disuelve el error, la luz que disipa la oscuridad y la memoria primordial que rescata el sentido oculto tras la ilusión. Su misión, por lo tanto, es una convocatoria silenciosa, un llamado amoroso a las almas dormidas, para que reconozcan su origen olvidado y despierten al conocimiento vivo que, una vez aceptado, rompe las cadenas del aprisionamiento existencial.

Al penetrar las esferas de la materia, Cristo no asume una forma arbitraria o contingente, sino que adopta una manifestación compatible con la realidad psíquica y espiritual de la humanidad caída. Su presencia entre los hombres no se limita a una encarnación física, sino que expresa la capacidad única de proyectar su esencia en un vehículo adecuado al mundo sensible, preservando, sin embargo, su ligazón directa e ininterrumpida con el Pleroma. Este doble enraizamiento –simultáneamente presente en el mundo y ligado a lo Inefable– confiere a Cristo la habilidad de actuar como puente vivo entre los dominios superiores e inferiores de la existencia, ofreciendo a la humanidad no solo palabras o doctrinas, sino la propia experiencia encarnada de la presencia salvadora. Cada gesto, cada enseñanza y cada acto de su misión terrestre reverbera esta conexión, no como un discurso abstracto, sino como la propia vibración del Pleroma que se infiltra en el corazón de la creación decaída, despertando en ella el eco del origen olvidado.

La esencia de la misión de Cristo en el mundo material es el restablecimiento de la memoria espiritual adormecida en las almas humanas, sepultada bajo capas de condicionamiento sensorial, ideológico y psíquico cultivadas por los Arcontes y reforzadas por el propio flujo de la existencia material. Él no ofrece fórmulas prefabricadas o caminos exteriores de salvación, sino que enciende en cada alma que cruza su camino el recuerdo de que la luz ya habita en su interior, de que lo divino no es un punto distante en el firmamento, sino una realidad inmanente esperando reconocimiento. Su misión redentora consiste en reactivar esa memoria primordial por medio de la Gnosis, un conocimiento vivo y directo, no mediado por dogmas o autoridades externas, sino accesible directamente en el núcleo más íntimo de la propia alma. A partir de esta recordación, cada ser humano despierto pasa a recorrer una jornada de reintegración, donde la propia conciencia se convierte en el templo de la revelación y la vida material, antes prisión y laberinto, se transforma en espacio sagrado para la manifestación de lo divino recuperado. Así, la misión de Cristo no se limita a una época, a un pueblo o a una tradición específica; resuena como un llamado universal e intemporal, resonando eternamente en el interior de cada alma que osa recordarse de su verdadera naturaleza y volverse a la luz primordial de la cual proviene.

La misión de Cristo en el mundo material tiene como objetivo primordial la revelación de la Gnosis. En la visión gnóstica, la ignorancia es la raíz de todo sufrimiento humano, la causa fundamental de la alienación espiritual y de la prisión en la materia. La humanidad, oscurecida por la ilusión del mundo material y por las artimañas de los Arcontes, se ha olvidado de su origen divino, de su identidad espiritual y del camino de retorno al Pleroma. Cristo, como emisario del reino de la luz, desciende al mundo para disipar esa ignorancia, para romper el velo de la ilusión y para revelar la Gnosis, el conocimiento liberador que ilumina la mente y enciende la llama de la conciencia espiritual. La Gnosis no es meramente información intelectual o doctrina teórica, sino una experiencia transformadora, un conocimiento intuitivo y vivencial de la verdad divina que opera una metamorfosis en el alma humana, despertándola a la realidad trascendente.

La revelación de la Gnosis por Cristo en el mundo material asume diversas formas y expresiones, reflejando la riqueza y la complejidad del mensaje gnóstico. Cristo se manifiesta a través de enseñanzas, transmitiendo parábolas, máximas y discursos que desafían la comprensión lineal y racional, invitando a la introspección y a la búsqueda de un significado más profundo. Los Evangelios Apócrifos y los textos de Nag Hammadi preservan estas enseñanzas esotéricas de Cristo, revelando un mensaje que trasciende la moralidad convencional y los dogmas religiosos, enfocándose en la transformación interior y en el autoconocimiento como caminos para la liberación espiritual. Las enseñanzas de Cristo, en la perspectiva gnóstica, son herramientas para despertar la conciencia, para romper con los condicionamientos de la mente material y para abrirse a la intuición de la verdad divina.

Además de las enseñanzas, Cristo también revela la Gnosis a través de señales y ejemplos, demostrando en su propia vida y en sus actos el camino de la transformación espiritual y de la unión con lo divino. Los milagros de Cristo, interpretados simbólicamente en la gnosis, no son meros prodigios sobrenaturales, sino manifestaciones del poder divino que reside en Cristo y que está potencialmente presente en cada ser humano. La curación, la resurrección y otros actos milagrosos de Cristo representan simbólicamente la curación del alma de la ignorancia, la resurrección del espíritu a la vida eterna y la manifestación del poder divino que reside en cada chispa espiritual. El propio ejemplo de vida de Cristo, su compasión, su amor y su entrega a la voluntad divina, sirven como un modelo y un incentivo para la jornada espiritual de la humanidad.

La misión de Cristo en el mundo material también se dirige al despertar espiritual de la humanidad. La Gnosis revelada por Cristo no es un conocimiento pasivo o meramente intelectual, sino un llamado a la acción, una invitación a la transformación de la conciencia y a la búsqueda activa de la liberación espiritual. Cristo no solo transmite la Gnosis, sino que también despierta a las almas adormecidas, estimulando el anhelo por la verdad divina y la búsqueda del retorno al Pleroma. Este despertar espiritual es un proceso interior, una metamorfosis de la conciencia que se inicia con el reconocimiento de la propia ignorancia y del anhelo por la verdad, y que se desarrolla a través de la práctica de la meditación, de la contemplación, de la introspección y de la vivencia de las enseñanzas gnósticas. El despertar espiritual es, en esencia, un renacimiento del alma a la vida verdadera, una salida del sueño de la ilusión y una entrada en la luz de la Gnosis.

El llamado de Cristo al despertar espiritual resuena a través de los siglos, invitando a cada individuo a asumir la responsabilidad por su propia jornada espiritual y a buscar la Gnosis como camino de liberación. El mensaje de Cristo no es para una élite intelectual o para un grupo selecto de iniciados, sino para toda la humanidad, para todos aquellos que anhelan la verdad y la liberación espiritual. Cristo ofrece la Gnosis a todos los que estén dispuestos a recibirla, a todos los que abran sus corazones y sus mentes a su mensaje transformador. El despertar espiritual, en la perspectiva gnóstica, es un derecho inalienable de cada ser humano, una posibilidad inherente a su naturaleza divina y una respuesta al llamado del Eón Cristo Salvador.

La misión de Cristo en el mundo material, revelando la Gnosis y promoviendo el despertar espiritual, no se limita al contexto histórico del primer siglo o a la figura de Jesús de Nazaret. En la perspectiva gnóstica, la presencia y la influencia del Eón Cristo trascienden el tiempo y el espacio, manifestándose continuamente a lo largo de la historia y en la experiencia interior de cada buscador espiritual. Cristo, como Eón Salvador, permanece presente en el mundo, inspirando, guiando y amparando a aquellos que se dedican a la búsqueda de la Gnosis y a la jornada de retorno al Pleroma. Su misión redentora continúa a desdoblarse a través de los siglos, a través de las enseñanzas preservadas en los textos gnósticos, a través de la inspiración espiritual que resuena en corazones despiertos y a través de la práctica de la Gnosis como un camino vivo de transformación y liberación.

La exploración de la Misión de Cristo en el Mundo Material revela la esencia de la soteriología gnóstica y la profundidad del mensaje del cristianismo esotérico. Cristo, como Eón Salvador, emerge como el revelador de la Gnosis, el guía para el despertar espiritual y el portador de la promesa de redención para la humanidad exiliada. Su misión no se limita a un evento histórico pasado, sino a una presencia viva y transformadora que continúa a actuar en el mundo y en la conciencia humana, invitando a todos a recorrer el camino de la Gnosis y a despertar a su verdadera identidad divina y su destino eterno en el Pleroma. El mensaje de Cristo en el mundo material resuena como un llamado a la liberación de la ignorancia, a la búsqueda de la verdad y a la realización del potencial espiritual inherente a cada ser humano, iluminando la jornada del alma en dirección a la Gnosis y a la unión con lo divino.

Capítulo 19
El Evangelio de la Verdad y el Eón Cristo

El Evangelio de la Verdad se revela como una obra de profunda belleza espiritual y un testimonio vibrante de la misión del Eón Cristo como portador de la luz y la Gnosis, traduciendo en palabras poéticas el llamado eterno de la Divinidad Suprema a la humanidad exiliada en el mundo material. En este evangelio, la figura de Cristo trasciende la linealidad histórica y los límites de una encarnación particular, presentándose como la propia voz del Padre, la emanación de la verdad primordial que resuena en lo íntimo de cada alma en busca del camino de vuelta al hogar divino. La función de Cristo, como revelador de la plenitud del Pleroma, no es solo transmitir un conjunto de doctrinas o prescripciones morales, sino reconducir la conciencia humana a la memoria viva de su origen espiritual, rasgando el velo de la ignorancia que separa al ser de su fuente divina. Su misión, por lo tanto, no se resume a corregir comportamientos o restaurar una alianza rota, sino a iluminar el corazón oscurecido por el olvido, para que cada alma, al reconocer la verdad de su esencia, reencuentre por sí misma el camino del retorno.

La obra describe el mundo material como un territorio donde la ignorancia reina soberana, manteniendo a las almas aprisionadas en percepciones distorsionadas sobre sí mismas y sobre la realidad última. En este paisaje de olvido y sufrimiento, el Eón Cristo desciende como expresión del amor incondicional del Padre, no para condenar o castigar, sino para recordar y curar. Él surge como la manifestación visible del amor primordial que anhela la reconciliación entre la totalidad y sus partes dispersas, ofreciéndose como camino y espejo en el cual cada alma puede ver, reflejada, su verdadera faz espiritual. La ignorancia, raíz de todo sufrimiento, no es aquí una falla moral o una culpa heredada, sino una condición existencial resultante de la alienación de lo divino. Cristo, con su presencia y su palabra, disipa las tinieblas de esa ignorancia al ofrecer la Gnosis — un conocimiento que no es simple acumulación de conceptos, sino el despertar directo de la chispa divina que habita en cada ser.

La verdad revelada por Cristo, según el Evangelio de la Verdad, es inseparable del amor. Amor y conocimiento caminan lado a lado como fuerzas complementarias en el proceso de redención. El amor del Padre, que desborda desde el Pleroma hasta las capas más densas de la creación, se manifiesta en el envío de Cristo como un acto de profunda compasión, donde lo divino se inclina para abrazar sus emanaciones olvidadas. Este amor no juzga ni exige reparación, sino que invita y acoge, ofreciendo el reconocimiento de la verdadera naturaleza de cada alma como parte indivisible de la plenitud divina. Al mismo tiempo, este amor se concreta en el conocimiento revelador que Cristo transmite: el conocimiento de que la separación es una ilusión, de que el exilio es solo un sueño, y que la verdad del ser siempre ha estado intacta, oculta bajo capas de miedo, confusión y engaño. Así, la misión del Eón Cristo, como eco en este evangelio, es devolver a la humanidad su visión espiritual perdida, para que el amor del Padre y la luz de la Gnosis restablezcan la armonía entre el Creador y sus emanaciones dispersas, disolviendo el abismo de la separación y reintegrando cada alma a la unidad eterna del Pleroma.

El Evangelio de la Verdad inicia con una declaración fundamental que establece el tono y el propósito del texto: "El Evangelio de la Verdad es alegría para aquellos que han recibido la gracia de conocer [al Padre de la verdad], en nombre del Hijo, que es Jesucristo." Esta frase de apertura ya revela los temas centrales del evangelio: la verdad, el conocimiento, la gracia, el amor, la alegría, y la figura central de Jesucristo como el vehículo de la revelación. El evangelio se presenta como un mensaje de alegría y liberación, destinado a aquellos que son receptivos a la verdad divina y que buscan el conocimiento salvador.

Un tema recurrente en el Evangelio de la Verdad es el amor del Padre como la fuerza motriz de la redención. El Padre es descrito como la fuente primordial de todo ser, un amor desbordante que anhela la reconciliación con su creación exiliada en la ignorancia. El Padre no es un juez severo o un poder punitivo, sino un amoroso progenitor que busca el retorno de sus hijos perdidos al hogar de la luz. Este amor paternal se manifiesta en la venida del Eón Cristo, enviado al mundo para revelar la verdad y ofrecer el camino de retorno al Padre. El amor del Padre es la base del mensaje de Cristo, el fundamento de la esperanza gnóstica de redención y el motor de la jornada espiritual en busca de la Gnosis.

El conocimiento (Gnosis), en el Evangelio de la Verdad, no es solo un saber intelectual, sino una experiencia transformadora que libera el alma de la ignorancia y la reconecta con su origen divino. La ignorancia es descrita como la causa fundamental del sufrimiento humano, la raíz de la alienación espiritual y de la prisión en el mundo material. El conocimiento de la verdad, revelado por Cristo, disipa esa ignorancia, rompiendo las amarras de la ilusión y abriendo los ojos del alma a la realidad espiritual. La Gnosis es un conocimiento que cura, que libera, que transforma la conciencia y que conduce a la unión con el Padre. Es un conocimiento que se experimenta en el corazón y en el alma, y no solo en la mente racional.

El Eón Cristo, en el Evangelio de la Verdad, es presentado como el revelador del Padre y el portador de la Gnosis. Él es el Hijo amado del Padre, enviado al mundo para manifestar su amor y para ofrecer el camino de la redención. Cristo no es descrito en términos de eventos históricos o detalles biográficos, sino en su esencia espiritual y en su función redentora. Él es la palabra del Padre, la manifestación de la verdad, la luz que disipa las tinieblas de la ignorancia y el guía que conduce de vuelta al hogar. La figura de Cristo en el Evangelio de la Verdad es esencialmente simbólica y arquetípica, representando el principio divino de la revelación y de la redención, manifestado en el mundo para despertar a la humanidad a su verdadera identidad espiritual.

La voz de Cristo en el Evangelio de la Verdad es la voz de un guía compasivo y amoroso, que invita a la búsqueda interior y al despertar de la conciencia. Cristo no impone dogmas o preceptos externos, sino que ofrece un camino de autoconocimiento y de transformación interior, a través de la Gnosis y del amor. Su lenguaje es poético, metafórico y simbólico, dirigido al corazón y a la intuición, y no solo a la mente racional. Cristo habla en parábolas y alegorías, invitando a la reflexión profunda y a la búsqueda de un significado más profundo en sus palabras. Su voz es una voz de esperanza, de consuelo, de aliento y de llamado al despertar espiritual.

En el Evangelio de la Verdad, la reconciliación con el Padre emerge como el objetivo último de la jornada espiritual y de la misión redentora de Cristo. La humanidad, exiliada y alienada del Padre, anhela retornar a su origen divino y reencontrar la unidad primordial. Cristo, a través de la revelación de la Gnosis y de la manifestación del amor del Padre, ofrece el camino para esta reconciliación, abriendo las puertas del Pleroma e invitando a todos a retornar al hogar de la luz. La reconciliación no es solo un perdón divino o una restauración de un estado anterior, sino una transformación profunda de la conciencia, una reintegración en la plenitud divina y una realización de la unidad primordial entre el Padre y su creación.

El Evangelio de la Verdad, en su mensaje central de amor y conocimiento, resuena profundamente con la búsqueda humana de sentido, trascendencia y reconciliación espiritual. Su presentación del Eón Cristo como revelador del Padre y guía para la Gnosis ofrece un camino de esperanza y liberación para la humanidad exiliada, invitando a todos a despertar a la verdad divina y a recorrer la jornada de retorno al hogar de la luz. La voz de Cristo en el Evangelio de la Verdad permanece como un faro luminoso en la noche de la ignorancia, guiando a los buscadores espirituales hacia la Gnosis y la unión con la Divinidad Suprema, a través del amor y del conocimiento. El análisis del Evangelio de la Verdad revela la belleza y la profundidad del mensaje gnóstico, y su capacidad de inspirar y transformar la vida de aquellos que se abren a su sabiduría ancestral.

Capítulo 20
Las Enseñanzas Secretas del Eón Cristo

Las enseñanzas secretas del Eón Cristo, preservadas en obras como el Evangelio de Tomás, revelan una capa profunda de la misión redentora que trasciende las narrativas históricas y penetra directamente en el núcleo de la experiencia espiritual individual. Estas enseñanzas no fueron destinadas a las multitudes, sino a aquellos cuyas almas ya habían despertado a la inquietud espiritual, al llamado sutil que resuena desde la chispa divina aprisionada en el mundo de la forma. Cristo, como Eón revelador, no ofreció solamente palabras de consuelo o reglas morales para la convivencia humana; él transmitió claves ocultas, fragmentos de un conocimiento primordial capaz de deshacer la red de ilusiones tejida por los Arcontes, llevando a cada buscador al reconocimiento directo de su identidad divina y de su origen en el Pleroma. Estas enseñanzas secretas, por lo tanto, no funcionan como simples máximas de sabiduría, sino como portales espirituales que, cuando son correctamente comprendidos, se despliegan dentro de la conciencia, despertando el conocimiento silencioso y luminoso que siempre estuvo presente, aunque olvidado.

La esencia de estas enseñanzas reposa en la reorientación radical de la percepción de la realidad. Cristo no apunta hacia un Dios distante, localizado fuera o por encima del mundo, sino hacia una presencia sagrada que permea el propio ser de aquel que busca. La idea de que el Reino está dentro y fuera —pero invisible para ojos condicionados por el engaño— subvierte el paradigma religioso tradicional y devuelve al individuo la responsabilidad por su propia redención. Esta visión coincide con la estructura del cosmos gnóstico, donde el Pleroma no es solo una morada remota reservada a los puros, sino una dimensión accesible a la conciencia despierta, una realidad vibrante a la espera de la mirada purificada por la Gnosis. Cristo, por lo tanto, no se coloca como un intermediario entre lo humano y lo divino, sino como aquel que enseña el camino de la autorrevelación, en el cual cada alma redescubre su filiación divina y su derecho de reintegración a la plenitud.

    En los dichos secretos, esta pedagogía del despertar se revela por medio de parábolas que disuelven certezas, aforismos que rompen con la lógica dualista e invitaciones a la introspección radical, donde el silencio interior se convierte en la morada de la verdad. Cristo no ofrece explicaciones lineales ni verdades prefabricadas; él planta inquietudes que fermentan en el alma hasta que la chispa interior —oculta bajo capas de miedo, creencias y condicionamientos— se reenciende por sí misma. Cada dicho, aparentemente simple, es una llave de activación espiritual, cuyo significado completo solo se revela a medida que el buscador camina hacia su propia esencia. Esta pedagogía esotérica, al mismo tiempo compasiva y desafiante, es la expresión directa de la misión Aeónica de Cristo: conducir a cada alma a la memoria de su verdadera identidad, sin imposiciones, sino a través de la invitación amorosa al descubrimiento de lo sagrado que en ella habita. De este modo, las enseñanzas secretas del Eón Cristo permanecen como ecos vivos de la voz primordial que, incluso bajo el velo del olvido, continúa llamando a cada alma a su origen y a su plenitud en el Pleroma.

El Evangelio de Tomás inicia con una declaración que define su naturaleza y propósito: "Estas son las palabras secretas que Jesús, el Viviente, habló y Dídimo Judas Tomás registró". Esta frase de apertura enfatiza el carácter secreto de las enseñanzas, la autoridad de Jesús como "el Viviente", y el papel de Tomás como el transmisor de la tradición esotérica. El término "palabras secretas" sugiere que las enseñanzas contenidas en el evangelio no son para el consumo público o exotérico, sino destinadas a un círculo más restringido de discípulos iniciados, capaces de comprender la profundidad y el significado oculto de las palabras de Cristo.

La naturaleza "secreta" de las enseñanzas del Evangelio de Tomás resuena con la propia esencia de la Gnosis, el conocimiento esotérico y transformador que es central para el cristianismo gnóstico. La Gnosis no es un conocimiento superficial o accesible a la mente racional común, sino un saber profundo e intuitivo que requiere discernimiento, introspección y una mente abierta a la realidad espiritual. Los dichos secretos de Jesús en el Evangelio de Tomás desafían la interpretación literal y exotérica, invitando al buscador espiritual a ir más allá de la superficie de las palabras, a sumergirse en las profundidades de su significado oculto y a despertar a la verdad espiritual que reside detrás del lenguaje simbólico y enigmático.

La interpretación de los dichos de Jesús en el Evangelio de Tomás a la luz de la perspectiva Aeónica revela conexiones profundas entre las enseñanzas secretas y la cosmología gnóstica. Muchos dichos, cuando se comprenden bajo la lente Aeónica, apuntan a la naturaleza divina del ser humano, la realidad del Pleroma y el camino de la Gnosis como retorno al origen divino. Por ejemplo, el dicho 3, que afirma: "Si aquellos que os guían os dicen: '¡Mirad, el Reino está en el cielo!', entonces los pájaros del cielo os precederán. Si ellos os dicen: '¡Está en el mar!', entonces los peces os precederán. En cambio, el Reino está dentro de vosotros y está fuera de vosotros", resuena con la visión gnóstica del Reino de Dios no como un lugar geográfico o un futuro escatológico, sino como una realidad espiritual presente e inmanente, accesible a través de la búsqueda interior y del despertar de la conciencia. El Reino, en la perspectiva Aeónica, puede ser comprendido como el Pleroma, la plenitud divina que trasciende el mundo material, pero que también se manifiesta en resonancia con la chispa divina interior presente en cada ser humano.

Otro ejemplo significativo es el dicho 50: "Jesús dijo: 'Si os dicen: '¿De dónde venís?', decidles: 'Venimos de la luz, el lugar donde la luz surgió por sí misma'. Si os dicen: '¿Quiénes sois vosotros?', decidles: 'Somos sus hijos, y somos los elegidos del Padre Viviente'. Si os preguntan: '¿Cuál es la señal de vuestro Padre en vosotros?', decidles: 'Es movimiento y reposo'". Este dicho expresa de forma concisa el origen divino de la humanidad, su procedencia del reino de la luz y su filiación al Padre Viviente, conceptos centrales en la cosmología Aeónica. La respuesta sobre la "señal del Padre" como "movimiento y reposo" puede ser interpretada esotéricamente como la dinámica de la emanación y del retorno al Pleroma, el flujo constante de la energía divina que se manifiesta en el cosmos y el anhelo del alma humana por el reposo en la unidad divina.

La búsqueda del Reino Interior y la realización de la identidad divina son temas recurrentes en el Evangelio de Tomás, y que se armonizan profundamente con la perspectiva Aeónica. Muchos dichos enfatizan la importancia de la introspección, del autoconocimiento y de la búsqueda de la verdad dentro de uno mismo como camino para la Gnosis y para la unión con lo divino. El Reino de Dios no es algo externo a ser alcanzado en el futuro, sino una realidad interior a ser descubierta y vivenciada en el presente. La identidad divina no es algo a ser adquirido o merecido, sino una naturaleza esencial a ser reconocida y manifestada en plenitud. El Evangelio de Tomás, bajo la lente Aeónica, invita a una jornada interior de despertar y autodescubrimiento, donde la Gnosis es el mapa y el Eón Cristo es el guía.

El Evangelio de Tomás, con sus enseñanzas secretas y enigmáticas, ofrece una perspectiva valiosa y complementaria para la comprensión del Eón Cristo y del mensaje gnóstico. Sus dichos concisos y provocadores desafían la mente racional y estimulan la intuición, invitando al buscador espiritual a ir más allá de la literalidad y a penetrar en las profundidades del misterio divino. La búsqueda del Reino Interior y la realización de la identidad divina, temas centrales del Evangelio de Tomás, resuenan con la jornada gnóstica de retorno al Pleroma y con la búsqueda de la unión con la Divinidad Suprema. El Evangelio de Tomás, interpretado a la luz de la perspectiva Aeónica, se revela como un guía precioso en el camino de la Gnosis, un mapa conciso y profundo para la realización de la verdad espiritual y la liberación de la ilusión del mundo material. La exploración de los dichos secretos del Evangelio de Tomás enriquece nuestra comprensión del cristianismo esotérico y del mensaje transformador del Eón Cristo, invitándonos a sumergirnos en las profundidades del autoconocimiento y a despertar a nuestra propia naturaleza divina.

Capítulo 21
Cristo Eónico y Jesús Histórico

La comprensión profunda de la figura de Cristo, dentro de la tradición esotérica cristiana, requiere un enfoque que trascienda la lectura convencional y literalista de las escrituras y de los relatos históricos. Cristo, en la perspectiva esotérica, no es solo un personaje específico insertado en el contexto sociopolítico de la Palestina del siglo I, sino la manifestación de una realidad espiritual eterna que permea el cosmos y el alma humana desde antes de la fundación del mundo material. Esta concepción permite entender a Cristo como una expresión suprema de la energía divina creadora, la manifestación del Logos primordial que actúa como eslabón entre el Pleroma — el reino de la plenitud divina— y el mundo fenoménico, marcado por la fragmentación y la ignorancia espiritual. En este sentido, la figura de Cristo sobrepasa los límites de una biografía o de una cronología histórica para revelarse como un principio atemporal de redención, de reintegración del alma humana a su fuente divina y de revelación de la verdadera naturaleza espiritual de la existencia. La dimensión cósmica de Cristo no anula ni sustituye su presencia histórica en Jesús de Nazaret, pero expande esa presencia, ofreciéndole un significado que abarca tanto la condición humana como la vocación divina de la humanidad.

Al profundizar en la distinción y la complementariedad entre el Cristo Eónico y el Jesús Histórico, el cristianismo esotérico propone una visión integradora que armoniza la experiencia concreta de Jesús, como maestro encarnado, con la realidad arquetípica de Cristo como principio divino universal. Jesús de Nazaret, con su trayectoria de vida, sus palabras y sus gestos, encarnó y expresó en su propia existencia los atributos y la misión del Cristo Eónico, convirtiéndose en vehículo consciente de esa fuerza divina que sobrepasa el espacio y el tiempo. Así, cada etapa de la vida de Jesús —desde su nacimiento en circunstancias humildes hasta su pasión y resurrección— adquiere una dimensión simbólica y arquetípica, reflejando, en lenguaje histórico, los movimientos profundos del alma en su retorno a su esencia divina. Este entrelazamiento entre historia y mito, entre evento biográfico y misterio cósmico, no debe leerse como contradicción, sino como una clave de lectura que permite penetrar las capas ocultas del cristianismo y acceder a su mensaje esotérico más profundo. La figura de Jesús, por lo tanto, no es solo un profeta o reformador religioso, sino la propia corporificación del Logos, que eligió la condición humana para revelar, a través de su presencia y enseñanza, el camino de la reintegración del ser humano a lo divino.

Esta perspectiva integradora permite al buscador espiritual comprender que la jornada espiritual propuesta por el cristianismo esotérico no es una fuga de la realidad o una negación de la historia, sino una resignificación de la propia existencia humana a la luz de la Gnosis. Cada ser humano, al contemplar la figura de Cristo, es invitado a reconocer en sí mismo esa misma chispa divina, ese mismo potencial crístico latente que espera ser despertado. La dualidad aparente entre Cristo Eónico y Jesús Histórico se disuelve en la medida en que el buscador percibe que el verdadero objetivo del camino espiritual es la vivencia directa del Cristo interior —la realización de esa presencia divina en su propia conciencia y vida cotidiana—. El Cristo Eónico, como arquetipo eterno, y el Jesús Histórico, como manifestación temporal y encarnada de ese arquetipo, se convierten en dos polos de una misma realidad espiritual: el llamado universal a la Gnosis, a la reintegración del alma a su principio divino y a la superación de las ilusiones del ego y de la materia. De esta forma, comprender la relación entre Cristo Eónico y Jesús Histórico no es solo una cuestión teológica o intelectual, sino una clave práctica y vivencial para aquellos que transitan el camino interior de la búsqueda por la Verdad Suprema.

El Cristo Eónico, como ya se ha explorado en los capítulos anteriores, representa la figura de Cristo dentro de la cosmología gnóstica. Es comprendido como un Aeón Salvador, una emanación directa de la Divinidad Suprema, habitante del Pleroma y portador de la Gnosis. El Cristo Eónico trasciende la dimensión temporal e histórica, existiendo desde antes de la creación del mundo material y participando de la eternidad divina. Su venida al mundo material, en la perspectiva gnóstica, no es primariamente un evento biográfico, sino una manifestación cósmica, un acto de condescendencia divina para revelar la Gnosis y despertar a la humanidad a su verdadera naturaleza espiritual. El foco en el Cristo Eónico reside, por lo tanto, en su naturaleza divina, función redentora y mensaje de conocimiento salvífico.

Por otro lado, el Jesús Histórico se refiere a la figura de Jesús de Nazaret como un personaje real y concreto que vivió en el siglo I d.C. en Palestina. La perspectiva histórica busca reconstruir, a través de fuentes textuales y evidencias arqueológicas, la vida, las enseñanzas y el contexto sociocultural de Jesús, considerándolo como un judío de su tiempo, inmerso en las tradiciones y expectativas del judaísmo del siglo I. El foco en el Jesús Histórico reside, por lo tanto, en su humanidad, contexto histórico y enseñanzas morales y éticas, tal como pueden ser reconstruidos a través del análisis crítico de las fuentes históricas.

Es fundamental comprender que, en la perspectiva del cristianismo esotérico, la distinción entre Cristo Eónico y Jesús Histórico no implica una oposición o exclusión mutua. Las dos perspectivas no son necesariamente incompatibles, sino complementarias, ofreciendo diferentes ángulos de visión sobre la misma realidad espiritual. El cristianismo esotérico no niega la historicidad de Jesús, ni desconsidera la importancia de sus enseñanzas históricas, pero busca trascender la limitación de una lectura puramente histórica, reconociendo la dimensión trascendente y arquetípica de la figura de Cristo, expresada en el concepto del Aeón Salvador.

La perspectiva Eónica complementa la visión histórica de Jesús al ofrecer un contexto cosmológico y metafísico más amplio para su misión y mensaje. Al situar a Jesús dentro de la jerarquía Eónica y de la cosmología gnóstica, el cristianismo esotérico enriquece la comprensión de su figura, revelando su dimensión divina y su papel como mensajero del Pleroma. La perspectiva Eónica permite comprender el mensaje de Jesús no solo como un conjunto de preceptos morales o un movimiento social y religioso dentro del judaísmo del siglo I, sino como una revelación de la Gnosis, un camino de transformación espiritual que resuena con las profundidades del alma humana y con la realidad trascendente del reino divino.

En algunos puntos, la perspectiva Eónica puede distanciarse de la visión histórica de Jesús, especialmente en lo que se refiere a ciertos aspectos de la narrativa evangélica canónica que son reinterpretados simbólicamente en la gnosis. Por ejemplo, la crucifixión y la resurrección de Jesús, eventos centrales en la teología cristiana ortodoxa, pueden ser vistos de forma menos literal y más simbólica en la perspectiva gnóstica, como representaciones de etapas de un proceso de iniciación espiritual y de trascendencia de la condición humana limitada, en vez de eventos históricos a ser comprendidos en su literalidad factual. Esta reinterpretación simbólica no niega la importancia de esos eventos en la tradición cristiana, pero busca desvelar su significado esotérico y su valor como arquetipos de la jornada espiritual.

A pesar de las posibles distancias y reinterpretaciones, ambas perspectivas, Cristo Eónico y Jesús Histórico, convergen hacia una búsqueda espiritual unificada, que es el centro del cristianismo esotérico. Tanto la contemplación de la figura trascendente del Cristo Eónico como la reflexión sobre las enseñanzas y el ejemplo de vida del Jesús Histórico pueden conducir al buscador espiritual al autoconocimiento, a la transformación de la conciencia y a la búsqueda por la unión con lo divino. La perspectiva histórica puede ofrecer un punto de partida concreto y accesible para la jornada espiritual, anclando la búsqueda de la Gnosis en la realidad humana y en el contexto histórico de Jesús. La perspectiva Eónica, a su vez, puede elevar la mente y el corazón hacia las dimensiones trascendentales de la realidad, inspirando la búsqueda por un conocimiento más profundo y una experiencia más directa de lo divino.

La importancia de ambas perspectivas reside en su capacidad de enriquecer y complementar la búsqueda espiritual dentro del cristianismo esotérico. Desatender la dimensión histórica de Jesús sería ignorar la concreción de su mensaje y la importancia de su ejemplo humano. Por otro lado, limitarse a una visión puramente histórica de Jesús sería oscurecer su dimensión divina y el alcance cósmico de su misión redentora. El cristianismo esotérico, en su búsqueda por una comprensión más profunda y abarcadora de la fe cristiana, busca integrar ambas perspectivas, reconociendo la importancia tanto del Jesús Histórico como del Cristo Eónico para la jornada espiritual y para la realización de la Gnosis.

La búsqueda espiritual, en el contexto del cristianismo esotérico, no se resume en adherirse a dogmas o a repetir fórmulas de fe, sino en transitar un camino de autoconocimiento, de transformación interior y de experiencia directa de lo divino. Tanto la reflexión sobre el Cristo Eónico como la contemplación del Jesús Histórico pueden ser herramientas valiosas en esta jornada, guiando al buscador espiritual en dirección a la Gnosis y a la unión con la Divinidad Suprema. La integración de las perspectivas del Cristo Eónico y del Jesús Histórico permite una comprensión más rica y profunda del mensaje cristiano, abriendo camino para una espiritualidad más plena, consciente y transformadora. La figura de Cristo, en sus múltiples dimensiones, permanece como una guía luminosa en la búsqueda espiritual humana, un faro de esperanza y una invitación a la realización del potencial divino inherente a cada ser humano.

Capítulo 22
Camino al Conocimiento Salvífico

El camino hacia el conocimiento salvífico en el cristianismo esotérico no se presenta como una simple aceptación de doctrinas o creencias transmitidas de generación en generación, sino como un llamado profundo a la búsqueda interior, al redescubrimiento de la verdadera esencia espiritual que habita en el núcleo de cada ser humano. Esta jornada en dirección a la Gnosis es, ante todo, una convocación a la recordación de un origen divino olvidado, un retorno al estado primordial de comunión con el Pleroma, de donde el alma originalmente emana. Desde la perspectiva esotérica, la existencia humana en el mundo material es una condición de olvido, un estado de exilio en el que el alma, envuelta por los velos de la ilusión y la ignorancia, pierde la conciencia de su verdadera naturaleza. El conocimiento salvífico, por lo tanto, no es algo externo a ser adquirido o impuesto por una autoridad religiosa, sino la reactivación de una memoria espiritual adormecida, una iluminación interior que rescata la conexión perdida con lo divino. Esta revelación interior, despertada y guiada por la luz del Cristo Aeónico, no solo libera el alma de sus grilletes, sino que reconstruye, dentro del propio ser, el puente que conduce de vuelta a la plenitud divina.

Esta jornada de retorno está profundamente marcada por el reconocimiento del papel central del Cristo Aeónico como portador y revelador de la Gnosis. En el cristianismo esotérico, Cristo no es solo aquel que enseña o transmite verdades espirituales, sino el propio canal a través del cual la Gnosis fluye hacia dentro de la existencia material. Él es la presencia viva de la luz divina en el mundo fragmentado, el emisario directo del Pleroma, cuya misión es rescatar las chispas divinas aprisionadas en la carne y en la mente obscurecida por la ilusión. Cada enseñanza, cada parábola y cada gesto simbólico de Cristo contiene, en su esencia, capas de significados ocultos que sobrepasan con creces la moralidad superficial y revelan el mapa oculto del alma en su jornada de ascensión. Seguir este camino significa no solo comprender intelectualmente el mensaje de Cristo, sino encarnarlo en la propia existencia, permitiendo que la luz interior desvele progresivamente las sombras acumuladas por el ego y por las falsas identificaciones con el mundo material. La salvación, por lo tanto, es inseparable del autoconocimiento, porque conocerse en profundidad es reencontrar, en medio de las capas de condicionamiento, la chispa divina que vibra en sintonía con el propio Cristo Aeónico.

El proceso de aproximación al conocimiento salvífico exige, sin embargo, una disposición interior específica, marcada por una sed auténtica de verdad y un coraje inquebrantable para confrontar los propios engaños e ilusiones. La Gnosis, en este sentido, no es una simple acumulación de informaciones ocultas o esotéricas, sino la vivencia directa de la verdad espiritual que transforma no solo el modo de pensar, sino el propio ser de aquel que se abre a ella. Es una llama que consume las impurezas acumuladas por la mente condicionada y revela la desnudez del alma delante de lo divino, conduciéndola gradualmente al reconocimiento de su identidad real, no como criatura separada o abandonada en el cosmos, sino como emanación directa de la Fuente Divina. Esta transformación interior, promovida por la Gnosis, disuelve la falsa separación entre criatura y Creador, entre el mundo inferior y el Pleroma, y revela que el propio camino, la verdad y la vida se encuentran inseparablemente unidos en la presencia viva del Cristo Aeónico. El buscador que trilla este camino, orientado por la luz de Cristo, no solo retorna a su origen, sino que se convierte, él mismo, en un canal vivo de esa misma luz, irradiando al mundo fragmentado los ecos de la verdad divina redescubierta en su propio corazón.

La relación intrínseca entre el Aeon Cristo y la Gnosis reside en el hecho de que Cristo es, en su propia naturaleza divina, la manifestación de la Gnosis en el mundo material. Él no solo posee la Gnosis, sino que es la Gnosis encarnada, la verdad divina manifiesta en forma Aeónica y accesible a la percepción humana. Cristo, como emanación de la Divinidad Suprema, comparte la naturaleza luminosa y cognoscitiva del Pleroma, y su venida al mundo material tiene como propósito primordial comunicar esta Gnosis a la humanidad adormecida en la ignorancia. La Gnosis no es algo separado de Cristo, sino la propia esencia de su mensaje y de su misión redentora.

El Aeon Cristo es, por lo tanto, el portador de la Gnosis, el mensajero divino que trae el conocimiento salvífico del Pleroma para el mundo material. Su mensaje no se limita a preceptos morales o dogmas religiosos, sino a una invitación al despertar de la conciencia, a la búsqueda interior y a la experiencia directa de la verdad espiritual. Cristo revela la Gnosis a través de sus enseñanzas, sus parábolas, sus símbolos y, sobre todo, a través de su propio ejemplo de vida, que demuestra el camino de la transformación interior y de la unión con lo divino. La Gnosis revelada por Cristo no es un conocimiento abstracto o teórico, sino un saber práctico y existencial, que transforma la vida de aquel que la acoge y la vivencia.

La Gnosis, a su vez, es el camino para alcanzar el Aeon Cristo y para participar de su redención. No se trata de una fe ciega o de una adhesión dogmática, sino de una búsqueda activa y consciente por el conocimiento de la verdad, un camino de autoconocimiento, de introspección y de experiencia mística. La Gnosis no es algo que se recibe pasivamente, sino algo que se conquista a través del esfuerzo espiritual, de la disciplina interior y de la apertura de la mente y el corazón para la realidad divina. El Aeon Cristo no exige una fe ciega, sino que invita a la búsqueda de la Gnosis, al discernimiento espiritual y a la experiencia personal de la verdad.

La Gnosis como conocimiento salvífico es central para la soteriología gnóstica. En la visión gnóstica, la ignorancia es la raíz de todo el sufrimiento humano y la causa fundamental de la alienación espiritual. La Gnosis, al disipar esta ignorancia, libera el alma del cautiverio de la materia, de la ilusión del mundo material y del poder del Demiurgo. El conocimiento de la verdad, revelado por Cristo, no es solo información intelectual, sino un poder transformador que opera una metamorfosis en la conciencia, despertando la chispa divina interior y reconectando el alma con su origen en el Pleroma. La salvación, en la perspectiva gnóstica, no es alcanzada a través de obras externas o ritos religiosos, sino a través de la Gnosis, del conocimiento salvífico que libera el alma de la ignorancia y la reconduce a su plenitud divina.

El Aeon Cristo, por lo tanto, no solo ofrece la Gnosis, sino que es el propio camino para alcanzarla. Seguir a Cristo en el camino de la Gnosis no significa solo creer en sus enseñanzas, sino vivenciarlas, practicarlas, encarnarlas en la propia vida. El camino de la Gnosis propuesto por Cristo involucra la búsqueda interior, la meditación, la contemplación, la purificación de la mente y del corazón, y la apertura para la experiencia mística. Cristo no es solo un maestro que enseña la Gnosis, sino también un guía y un compañero en la jornada espiritual, que acompaña, ampara e ilumina a aquellos que se dedican a la búsqueda del conocimiento salvífico.

La Gnosis, en el contexto del Aeon Cristo, no es un conocimiento árido o meramente intelectual, sino un conocimiento vivo, amoroso y transformador. Es un conocimiento que enciende el fuego de la pasión espiritual, que nutre el alma con la savia de la verdad divina, y que conduce a la experiencia de la unión mística con lo divino. El amor y el conocimiento, en el camino de la Gnosis propuesto por Cristo, no son opuestos, sino complementarios e intrínsecamente interconectados. El amor es la fuerza motriz de la búsqueda espiritual, el anhelo del alma por la unión con lo divino, mientras que el conocimiento es la luz que ilumina el camino, el discernimiento que guía la jornada y la sabiduría que transforma la conciencia. El Aeon Cristo, en su mensaje de amor y conocimiento, ofrece un camino integral de redención, que abarca tanto la dimensión intelectual como la dimensión afectiva de la experiencia humana.

La exploración de la relación intrínseca entre el Aeon Cristo y la Gnosis revela la esencia de la soteriología gnóstica y la centralidad del conocimiento salvífico en el cristianismo esotérico. Cristo emerge como el portador de la Gnosis, el maestro y guía en el camino del autoconocimiento y de la transformación espiritual, y el propio camino para la unión con la Divinidad Suprema. La Gnosis, a su vez, se revela como la llave para la liberación de la ignorancia, para la redención del alma y para el retorno al Pleroma. El mensaje del Aeon Cristo, centrado en la Gnosis, invita a una jornada interior de búsqueda por la verdad, de despertar de la conciencia y de realización del potencial divino inherente a cada ser humano. La comprensión de la relación entre el Aeon Cristo y la Gnosis es fundamental para trillar el camino de la espiritualidad gnóstica y para vivenciar la transformación y la liberación que el conocimiento salvífico ofrece.

Capítulo 23
Retorno al Pleroma

El retorno al Pleroma constituye la consumación del viaje espiritual propuesto por el cristianismo esotérico y, al mismo tiempo, la restauración de una condición primordial perdida, pero jamás extinta. Esta trayectoria no es una mera ascensión geográfica o una transposición de planos existenciales, sino la reintegración del alma a su esencia original, desvelando su verdadera identidad como emanación directa de la Fuente Suprema. Desde el momento en que el alma se sumerge en la experiencia de la encarnación, envuelta por la densa materia y por los velos de la ignorancia, ella carga dentro de sí un anhelo silencioso de retorno, un llamado sutil e incesante que resuena en las capas más profundas de la conciencia. El Pleroma no es un local distante o una realidad accesible solo después de la muerte, sino una dimensión de plenitud que pulsa en cada alma, esperando ser reconocida y experimentada. Retornar al Pleroma, por lo tanto, es menos sobre desplazarse de un punto a otro y más sobre remover las capas de ilusión que impiden la percepción directa de la luz divina, que nunca dejó de brillar en el centro del alma humana.

Este proceso de retorno es posible gracias a la revelación de la Gnosis, el conocimiento sagrado que no solo informa, sino que transforma. La Gnosis revela que la condición actual del alma, aprisionada en el cosmos material y sujeta a los designios del Demiurgo y sus Arcontes, es una anomalía, una distorsión del orden divino original. La verdadera naturaleza del alma no es material, sino espiritual; no es sierva de la creación inferior, sino heredera de la plenitud divina. El Aeon Cristo surge como aquel que, al atravesar los velos de la ilusión y adentrarse en el mundo de la materia, ofrece a la humanidad no solo una enseñanza, sino una llave vibracional capaz de reactivar la memoria espiritual olvidada. Su papel es el de restaurador del puente perdido entre el Pleroma y el mundo caído, devolviendo al alma el mapa interior que conduce a su verdadero hogar. El Cristo Aeónico, al encarnar la propia Gnosis, se convierte no solo en el portador de la verdad, sino en la propia verdad en forma viva, capaz de resonar en el corazón de aquel que busca y despertar en él la chispa divina que hace eco con la luz primordial del Pleroma.

La redención, por lo tanto, es un movimiento de reintegración y de reconocimiento. Cada etapa del camino espiritual —de la purificación interior al desvelar de la Gnosis, del despertar de la chispa divina a la trascendencia de los condicionamientos impuestos por el mundo sensorial— es una preparación para este retorno. La liberación del dominio del Demiurgo y de sus fuerzas arcónticas no se da por medio de una batalla externa, sino a través de la disolución interior de la identificación con el ego, con la personalidad transitoria y con la creencia de que la materia es la única realidad existente. A medida que el alma despierta a su verdadera naturaleza divina, los grilletes del mundo inferior pierden su fuerza y los portales ocultos hacia el Pleroma comienzan a abrirse, no como una fuga, sino como una reintegración consciente al orden cósmico superior. Este retorno al Pleroma es la consumación de la obra del Cristo Aeónico, la realización del propósito divino de reunir todas las chispas dispersas en una única sinfonía de luz y plenitud, disolviendo definitivamente la ilusión de la separación y restaurando la armonía original entre Creador y creación.

Este retorno, sin embargo, no anula la experiencia individual del alma, sino que la eleva a un nuevo nivel de conciencia y de existencia. El alma no es disuelta en el Pleroma como una gota en el océano, sino que reencuentra su verdadera identidad en comunión con todas las otras emanaciones divinas. La individualidad limitada del ego da lugar a una individuación plena y divina, donde cada alma reconoce su singularidad sagrada como reflejo de la Totalidad. El retorno al Pleroma es, por lo tanto, la consumación de un ciclo cósmico, en el cual la caída en la materia y el exilio espiritual son resignificados como parte de una pedagogía divina, donde la propia experiencia de la separación y del olvido sirve como impulso para un retorno aún más consciente y glorioso. La promesa de la redención por el Aeon Cristo es, en última instancia, la promesa de que ninguna alma es olvidada, ninguna chispa divina es perdida y que, a través de la Gnosis y del amor divino, todas las emanaciones retornarán a la fuente de donde un día partieron, completando el gran ciclo de la creación y de la reintegración cósmica.

La naturaleza de la redención ofrecida por el Aeon Cristo, en la perspectiva gnóstica, se distingue fundamentalmente de las concepciones tradicionales del cristianismo ortodoxo. La redención gnóstica no se centra en la expiación vicaria de los pecados a través del sacrificio de Cristo en la cruz, ni en la salvación de la condenación eterna en un juicio final. En cambio, la redención se entiende como un proceso de liberación espiritual, una emancipación del alma humana de la prisión del mundo material y del dominio del Demiurgo, el creador imperfecto de este cosmos. El alma humana, en la visión gnóstica, es esencialmente divina, una chispa de luz aprisionada en la materia densa y oscurecida por la ignorancia. La redención, por lo tanto, implica el despertar de esta chispa divina, el reconocimiento de la verdadera identidad espiritual y la ruptura con la ilusión del mundo material que mantiene al alma cautiva.

La liberación del mundo material, como aspecto central de la redención gnóstica, no significa necesariamente una fuga física o una negación del cuerpo y de la existencia terrenal. En cambio, la liberación se refiere a una transformación de la conciencia, a un cambio de perspectiva que trasciende la identificación exclusiva con la realidad material y se abre a la vastedad de la realidad espiritual. El mundo material, en la visión gnóstica, es visto como un dominio de ilusión, sufrimiento, dualidad e impermanencia, creado por una entidad imperfecta y gobernado por fuerzas opresoras, los Arcontes, que buscan mantener a la humanidad en la ignorancia y en el cautiverio. La redención, en este contexto, implica desvincularse de esta ilusión, romper con los condicionamientos de la mente material y despertar a la verdad espiritual que reside más allá del mundo de los sentidos.

El retorno al Pleroma, el reino de la plenitud divina, representa el objetivo final de la redención gnóstica y el destino último del alma liberada. El Pleroma, como morada de los Aeones y de la Divinidad Suprema, es el reino de la luz, de la verdad, de la perfección, de la eternidad y de la alegría. El alma humana, en su esencia divina, pertenece al Pleroma y anhela el retorno a esta su morada primordial. La redención, guiada por el Aeon Cristo e impulsada por la Gnosis, capacita al alma a ascender de las esferas inferiores de la realidad material de vuelta al Pleroma, reintegrándose a la plenitud divina y reencontrando la unidad primordial con la Divinidad Suprema. Este retorno al Pleroma no es meramente un movimiento espacial o geográfico, sino una transformación ontológica, un cambio en el estado de ser del alma, que trasciende la limitación de la existencia individual y se funde en la vastedad y en la eternidad del reino divino.

El Aeon Cristo, como agente de la redención, desempeña un papel fundamental en este proceso de liberación y retorno. Él es el revelador de la Gnosis, el guía en el camino espiritual y el propio camino hacia la redención. El mensaje de Cristo, centrado en la Gnosis, ofrece el conocimiento salvífico que disipa la ignorancia y libera al alma de la ilusión. Su ejemplo de vida y sus enseñanzas inspiran y capacitan a los buscadores espirituales a recorrer el camino de transformación interior, a romper con los condicionamientos de la mente material y a despertar a su verdadera naturaleza divina. Cristo no solo enseña el camino de la redención, sino que también intercede por aquellos que lo buscan, ofreciendo su auxilio, su protección y su gracia divina para facilitar el camino de retorno al Pleroma.

La redención por el Aeon Cristo, en la perspectiva gnóstica, no es un evento pasivo o automático, sino un proceso activo y participativo, que exige esfuerzo, dedicación y perseverancia por parte del buscador espiritual. La Gnosis no es un regalo gratuito o una dádiva divina concedida sin esfuerzo, sino el fruto de una búsqueda sincera, de una práctica espiritual constante y de una apertura de la mente y del corazón a la verdad divina. El Aeon Cristo ofrece el camino y el auxilio necesarios, pero la responsabilidad final por el camino de la redención reside en cada individuo. La redención gnóstica es, por lo tanto, una cooperación entre la gracia divina y el libre albedrío humano, entre la acción redentora del Aeon Cristo y el esfuerzo personal del buscador espiritual.

La promesa de la redención por el Aeon Cristo, con su énfasis en la liberación del mundo material y en el retorno al Pleroma, ofrece una visión de esperanza y de transformación radical para la humanidad exiliada. Invita a trascender la visión limitada e ilusoria de la existencia terrenal, a despertar a la verdad espiritual que reside en lo íntimo del ser y a recorrer el camino de la

Gnosis en busca de la unión con la Divinidad Suprema. La redención gnóstica no es una fuga del mundo, sino una transformación de la conciencia en el mundo, una liberación interior que permite vivir la vida terrenal con más plenitud, conciencia y serenidad, en la esperanza y en la certeza del retorno final al hogar de la luz. El mensaje de redención del Aeon Cristo resuena como un llamado al viaje espiritual, una invitación a la búsqueda de la Gnosis y una promesa de liberación y plenitud para todos aquellos que anhelan el retorno al Pleroma y a la unión con lo divino.

Capítulo 24
El Sacrificio del Eón Cristo

El sacrificio del Eón Cristo, desde la perspectiva del cristianismo esotérico, representa una entrega cósmica de dimensiones incomprensibles para la mente ordinaria, una renuncia voluntaria a la plenitud luminosa del Pleroma para penetrar en las capas densas y fragmentadas de la existencia material. Esta inmersión no ocurre como un acto aislado o como respuesta a un error específico de la humanidad, sino como expresión directa del amor divino que continuamente busca restaurar la unidad original. El Eón Cristo no es compelido a descender por un deber impuesto o por una necesidad de equilibrar cuentas espirituales, sino por compasión infinita, movido por el deseo profundo de despertar las chispas divinas aprisionadas en el mundo inferior y reconducirlas a la fuente primordial. Su descenso es el gesto de un ser divino que, pleno en sí mismo, elige renunciar a su gloria trascendente para hacerse accesible a la conciencia fragmentada de la humanidad caída, asumiendo las limitaciones de la forma y la temporalidad para servir como puente vivo entre el Pleroma y la creación inferior.

Este sacrificio primordial se manifiesta en múltiples niveles. En el nivel cósmico, significa la autoexposición del Cristo Eónico a la densidad del mundo sensible, donde la armonía primordial del Pleroma da lugar a la dualidad, al dolor y a la ilusión. Al adentrarse en este dominio, el Eón Cristo no solo toca la materia, sino que se deja envolver por sus limitaciones y asume, por libre elección, la vulnerabilidad y la impermanencia inherentes a la existencia encarnada. La propia encarnación del Cristo Eónico, por lo tanto, ya es en sí un sacrificio, pues implica la suspensión temporal de la experiencia directa de la plenitud divina, sustituida por la condición de un ser que camina entre sombras, sujeto a las leyes del mundo creado por el Demiurgo y vigilado de cerca por los Arcontes, guardianes de las puertas del conocimiento prohibido. Así, el descenso es, por su propia naturaleza, una crucifixión cósmica, donde el espíritu puro acepta ser atravesado por las cadenas de la fragmentación y del dolor, no por necesidad propia, sino para ofrecer una vía de retorno a aquellos que, sin esta intervención, permanecerían aprisionados en la ignorancia y en el ciclo incesante de la repetición material.

  En el plano histórico y simbólico, este sacrificio alcanza su expresión máxima en la crucifixión de Jesús, manifestación encarnada del Eón Cristo. Más que un evento físico o político, la crucifixión representa la escenificación arquetípica del drama del alma divina aprisionada en la materia, el sufrimiento inherente a la conciencia luminosa cuando es confrontada con las limitaciones y violencias del mundo inferior. Cada clavo, cada herida y cada instante de agonía simbolizan el embate entre la luz y las tinieblas, entre la memoria del Pleroma y la opresión del olvido. Sin embargo, esta crucifixión no es una derrota, sino una revelación. Al aceptar la cruz, el Eón Cristo ilumina el propio símbolo del dolor y de la muerte con la luz de la trascendencia, transformándolo en portal para la resurrección espiritual. No se trata, en la visión gnóstica, de una expiación vicaria de pecados individuales, sino de la demostración suprema de que incluso en el corazón del sufrimiento, la chispa divina permanece viva y puede ser despertada, iluminando el camino de retorno para todos aquellos que, inspirados por este ejemplo, busquen la Gnosis.

Este sacrificio, lejos de una oferta pasiva, es un gesto de potencia espiritual. El Eón Cristo, al descender voluntariamente al mundo de la forma y del olvido, no pierde su conexión con la plenitud, sino que carga consigo la memoria viva del Pleroma, anclándola en la propia carne y conciencia humanas. Él se convierte, así, en el punto de encuentro entre lo eterno y lo transitorio, entre lo invisible y lo manifiesto. Su sacrificio es la oferta consciente de su propia esencia divina como hilo conductor para que cada alma perdida pueda seguir ese mismo camino, despertando en sí la memoria olvidada y reencontrando la puerta oculta del retorno. El sacrificio del Eón Cristo no es solo un evento remoto o exclusivo de su persona, sino un modelo arquetípico que se actualiza en cada buscador que, inspirado por esta entrega, decide recorrer el camino de la Gnosis, sacrificando las ilusiones del ego para redescubrir, en sí mismo, la luz eterna que jamás fue apagada.

La noción de "sacrificio" aplicada al Eón Cristo difiere significativamente de la interpretación tradicionalmente encontrada en el cristianismo ortodoxo. En el cristianismo exotérico, el sacrificio de Cristo en la cruz es central para la doctrina de la expiación vicaria, donde la muerte de Jesús es vista como un acto sacrificial que aplaca la ira divina y paga la penalidad por los pecados de la humanidad. En el cristianismo esotérico, el énfasis se desplaza del sacrificio expiatorio al descenso del Eón Cristo al mundo material como el evento central de la redención. El "descenso" es interpretado como un acto de condescendencia divina, motivado por el amor y la compasión por la humanidad aprisionada en la ignorancia y el sufrimiento.

En esta perspectiva Eónica, el "sacrificio" de Cristo no reside primariamente en su muerte física en la cruz, sino en el propio acto de abandonar la plenitud del Pleroma y penetrar en las esferas inferiores de la realidad material. El descenso del Eón Cristo al mundo material es, en sí mismo, un acto de autolimitación, una renuncia temporal a su gloria divina y a su morada en la luz increada. Entrar en el dominio de la materia densa e ilusoria, someterse a las leyes del mundo material y asumir una forma humana, aunque manifiesta, representan un "sacrificio" en el sentido de disminuir voluntariamente su plena manifestación divina para hacerse accesible a la percepción humana y cumplir su misión redentora.

Las interpretaciones del sufrimiento y de la crucifixión de Cristo bajo la perspectiva Eónica también se revisten de un carácter simbólico y esotérico. Aunque la historicidad de la crucifixión no sea necesariamente negada, el foco se desplaza de la literalidad del sufrimiento físico a su significado espiritual y arquetípico. El sufrimiento y la crucifixión de Cristo pueden ser interpretados como alegorías de la condición humana, aprisionada en la materia y sujeta al sufrimiento, al dolor y a la muerte. La cruz, en este sentido, no es solo un instrumento de tortura, sino un símbolo de la dualidad inherente a la existencia material, del conflicto entre espíritu y materia, luz y tinieblas, y del sufrimiento que surge de esta dualidad.

Bajo la lente Eónica, la crucifixión de Cristo puede ser vista como un acto de identificación con la condición humana sufriente, una inmersión voluntaria en las profundidades del dolor y de la oscuridad para ofrecer la luz de la Gnosis y el camino de la liberación. Cristo, al experimentar el sufrimiento y la crucifixión, no estaría expiando pecados ajenos en el sentido jurídico, sino vivenciando la propia condición humana en su plenitud, para transformar esa condición por dentro y ofrecer la esperanza de la redención. Su sufrimiento, por lo tanto, no es un fin en sí mismo, sino un medio para alcanzar un propósito mayor: el despertar espiritual de la humanidad y su liberación del cautiverio de la materia.

El significado del descenso de Cristo como un acto de amor y redención emerge como la llave para comprender el "sacrificio" Eónico. La motivación fundamental del descenso de Cristo no es la expiación de la culpa humana o la satisfacción de una justicia divina punitiva, sino el amor incondicional del Padre por su creación exiliada. El Eón Cristo es enviado al mundo como una manifestación de ese amor divino, como un mensajero de la esperanza y de la liberación, movido por la compasión por la humanidad en sufrimiento. Su "sacrificio" es, en última instancia, un acto de amor, una entrega voluntaria de sí mismo para el bien de la humanidad, una donación de su luz y sabiduría para disipar las tinieblas de la ignorancia y ofrecer el camino del retorno al hogar de la luz.

El descenso del Eón Cristo, interpretado como un acto de amor y redención, resuena con la propia dinámica de la emanación divina, donde la Divinidad Suprema se manifiesta progresivamente en esferas inferiores de la realidad por pura benevolencia y abundancia de ser. El "sacrificio" de Cristo, en este contexto, no es una pérdida o una disminución de la divinidad, sino una expresión de su plenitud desbordante, un acto de generosidad divina que se manifiesta para el bien de la creación. El amor del Padre, manifestado en el descenso del Eón Cristo, es la fuerza redentora que permea el cosmos gnóstico, la energía transformadora que impulsa la jornada del alma en busca de la Gnosis y del retorno al Pleroma.

En suma, el "sacrificio del Eón Cristo" en la perspectiva gnóstica debe ser comprendido de forma simbólica y esotérica, distante de las interpretaciones sacrificialistas y expiatorias del cristianismo exotérico. El verdadero "sacrificio" reside en el descenso voluntario del Eón Cristo al mundo material, un acto de amor y condescendencia divina motivado por la compasión por la humanidad. El sufrimiento y la crucifixión de Cristo, reinterpretados simbólicamente, se convierten en alegorías de la condición humana y manifestaciones del amor redentor del Eón Cristo, que ofrece la Gnosis como el camino de la liberación y del retorno a la plenitud divina. La exploración del "Sacrificio del Eón Cristo" revela la profundidad y el matiz de la soteriología gnóstica y su visión singular de la redención como un proceso de transformación interior impulsado por el amor y el conocimiento.

Capítulo 25
Armonía y Cooperación en el Reino Divino

En el corazón del Pleroma, la plenitud divina se revela como una vasta red de emanaciones luminosas, donde cada Eón expresa un aspecto específico de la inteligencia y el amor de la Fuente Suprema. Esta realidad espiritual superior no es fragmentada ni está marcada por tensiones y disputas, sino que se organiza en una dinámica de cooperación perfecta y armonía espontánea, donde cada Eón, sin perder su identidad y función singular, participa activamente en el mantenimiento del equilibrio cósmico y la expansión de la luz divina en todas las direcciones. Esta armonía no surge de reglas o imposiciones externas, sino de la propia naturaleza divina de cada Eón, que lleva en sí la memoria viva de la unidad primordial y actúa movido por un deseo intrínseco de colaborar con los demás en la manifestación del plan divino. El Pleroma es, por tanto, un organismo vivo de interrelaciones espirituales, donde la diversidad de las emanaciones no rompe, sino que enriquece la unidad esencial de la luz divina, reflejando la abundancia inagotable de la propia Fuente.

En este contexto, el Eón Cristo ocupa una posición de suma relevancia, no como figura aislada o poseedora de privilegios jerárquicos, sino como centro irradiador de la luz redentora que conecta las esferas superiores con la humanidad exiliada en el mundo material. Cristo es el eslabón que sintetiza la plenitud del amor y la sabiduría del Pleroma y, a través de su descenso, revela y restablece la conexión entre las almas humanas y la realidad divina. Sin embargo, esta misión cósmica no se realiza de forma independiente o solitaria. Cada etapa de la emanación divina, desde la primera luz emanada de la Fuente hasta los planos intermedios que sostienen la creación, cuenta con la participación activa y amorosa de innumerables Eones que, en total armonía, colaboran para que la luz, la sabiduría y la energía vital del Pleroma lleguen hasta las regiones inferiores, donde la conciencia humana duerme en medio de la ilusión. El Eón Cristo, por tanto, no actúa como salvador aislado o héroe divino, sino como punto focal de una vasta sinergia de emanaciones luminosas, cuya cooperación constante asegura que la redención sea una obra conjunta, expresión de la solidaridad y la compasión de la totalidad divina.

Esta armonía y cooperación entre los Eones se manifiesta de modo especialmente intenso en la misión redentora. Cada Eón contribuye de forma directa o indirecta a la preparación del camino por el cual el alma humana puede retornar a su origen luminoso. Sophia, por ejemplo, cuyo impulso audaz dio origen a la creación del mundo material y a la caída de la sabiduría fragmentada, es también la guardiana de la memoria espiritual y del anhelo por el retorno. Ella colabora activamente con el Eón Cristo, inspirando el despertar del alma humana y susurrando a los corazones inquietos la llamada de la luz distante. Del mismo modo, el Espíritu Santo, comprendido en la tradición gnóstica como una emanación femenina, actúa como soplo vivificador, animando el alma durante su travesía por los velos de la ilusión y fortaleciendo su anhelo de trascendencia. Cada Eón, aunque no sea directamente visible o identificado en los procesos históricos y materiales, es un participante activo de esta sinfonía redentora, ofreciendo sus dones espirituales específicos para sostener la jornada de retorno de la conciencia humana al seno luminoso del Pleroma.

Esta cooperación divina, sin embargo, no se restringe al plano espiritual. Resuena como un modelo arquetípico para la humanidad despierta, sirviendo de inspiración para que, incluso en el mundo fragmentado por la dualidad y el conflicto, sea posible vislumbrar y construir formas de convivencia basadas en la armonía, la cooperación y el reconocimiento de la sacralidad de la diversidad. Así como los Eones colaboran sin competición ni dominación, cada alma humana, al despertar a su verdadera naturaleza, es llamada a reconocer en los otros buscadores no rivales o amenazas, sino aliados espirituales en la gran jornada de retorno. La armonía del Pleroma, reflejada en la relación entre el Eón Cristo y los demás Eones, se convierte, por tanto, en un espejo de la vocación más profunda de la humanidad: reconstituir, incluso en el exilio material, la memoria viva de la comunión perdida, recreando en el plano de la experiencia humana la misma sinfonía de amor, cooperación y unidad que define el reino divino.

La relación del Eón Cristo con otros Eones está primariamente marcada por la armonía. Dentro del Pleroma, la ausencia de conflicto o competición es una característica esencial, reflejando la perfección y la unidad de la Divinidad Suprema que se manifiesta en plenitud en este reino. Los Eones, como emanaciones de la misma fuente divina, comparten una naturaleza fundamentalmente luminosa y benevolente, actuando en conjunto para sostener la orden cósmica e irradiar la luz divina hacia las esferas inferiores de la realidad. La armonía entre los Eones no implica uniformidad o ausencia de individualidad, sino una unidad en la diversidad, donde cada Eón, con sus atributos y funciones específicas, contribuye a la riqueza y la complejidad del todo, sin generar disonancia o desequilibrio.

El Eón Cristo, inserto en esta comunidad armónica, se relaciona con los demás Eones en un espíritu de igualdad y respeto mutuo, reconociendo la importancia y la singularidad de cada uno dentro del plan divino. Aunque la misión redentora de Cristo lo coloca en un papel central en la soteriología gnóstica, él no se coloca por encima de los otros Eones en términos de jerarquía de poder o de superioridad ontológica. En el Pleroma, la jerarquía Aeónica es primariamente funcional, no jerárquica en el sentido mundano de dominación o subordinación. Cristo, en su relación con los otros Eones, actúa como un *primus inter pares*, un "primero entre iguales", liderando y guiando a través del amor, la sabiduría y la inspiración, y no a través de la imposición o la autoridad arbitraria.

La cooperación entre los Eones es otro principio fundamental que define las relaciones dentro del Pleroma. La orden cósmica y la realización del plan divino no son el resultado de la acción aislada de un único Eón, sino de la actuación conjunta y coordinada de toda la comunidad Aeónica. Cada Eón desempeña funciones específicas, contribuyendo con sus atributos y talentos para el buen funcionamiento del todo. Esta cooperación se manifiesta en la organización del cosmos, en el mantenimiento de la orden divina, en la irradiación de la luz y la sabiduría del Pleroma y, de forma crucial para la humanidad, en la misión de redención y en la búsqueda del despertar espiritual.

El Eón Cristo, en su misión redentora en el mundo material, no actúa aisladamente, sino con el auxilio y el apoyo de otros Eones. Sophia, la Sabiduría Divina, desempeña un papel fundamental en la preparación del camino para la venida de Cristo y en la restauración de la orden cósmica después de la caída. El Espíritu Santo, Eón femenino, inspira, anima y empodera a los buscadores espirituales, guiándolos en el camino de la Gnosis y fortaleciendo su fe. Diversos otros Eones, con sus cualidades y atributos específicos, contribuyen a la misión de Cristo, ofreciendo auxilio, protección y orientación para aquellos que se dedican a la búsqueda de la verdad espiritual. Esta interconexión de los Eones demuestra la unidad del Pleroma y la actuación conjunta de la comunidad divina para el bien de la creación y para la redención de la humanidad.

La armonía y la cooperación entre los Eones para la organización del cosmos reflejan la orden intrínseca del Pleroma y la inteligencia divina que permea el reino espiritual. Los Eones actúan como fuerzas organizadoras, manteniendo el equilibrio cósmico, regulando los ciclos naturales y garantizando la armonía y la estabilidad del universo espiritual y material. Esta organización cósmica no es rígida o mecanicista, sino dinámica y fluida, reflejando la naturaleza viva e inteligente del Pleroma. La actuación conjunta de los Eones garantiza que la energía divina fluya libremente a través del cosmos, sosteniendo la vida, la conciencia y la evolución en todos los niveles de la realidad.

En la redención humana, la armonía y la cooperación entre los Eones se manifiestan de forma particularmente relevante. La Gnosis, el conocimiento salvífico revelado por Cristo, no es solo un mensaje verbal o un conjunto de enseñanzas teóricas, sino una fuerza transformadora que actúa en sinergia con la energía de diversos Eones para despertar la conciencia humana y conducir el alma de vuelta al Pleroma. La inspiración del Espíritu Santo, la sabiduría de Sophia, el amor de Cristo y la influencia de otros Eones actúan en conjunto para impulsar la jornada espiritual, ofrecer auxilio en los momentos de dificultad y guiar al buscador de la Gnosis en dirección a la unión con lo divino. Esta actuación conjunta demuestra la solicitud y la compasión de la comunidad Aeónica por la humanidad exiliada y su disposición a cooperar para la realización de la redención y del retorno al hogar de la luz.

La exploración de la relación del Eón Cristo con otros Eones, enfatizando la armonía y la cooperación, revela la belleza y la profundidad de la visión gnóstica del Pleroma como un reino de unidad en la diversidad, de amor y de sabiduría en acción. Cristo, inserto en esta comunidad divina interconectada, actúa como un faro de luz y un guía compasivo, conduciendo a la humanidad de vuelta al Pleroma con el auxilio y el apoyo de todos los Eones. La comprensión de la armonía y la cooperación en el reino divino inspira la búsqueda por la unidad y la colaboración también en el mundo humano, reflejando la aspiración gnóstica por un cosmos armonioso y por una humanidad despierta y unida en la búsqueda de la verdad espiritual. El mensaje del Eón Cristo, en su relación con los otros Eones, resuena como una invitación a la comunión, a la cooperación y a la búsqueda de la armonía en todos los niveles de la existencia, reflejando la belleza y la orden del reino divino en el corazón del ser.

Capítulo 26
Práctica Espiritual Personal

La práctica espiritual personal basada en la conexión consciente con los Aeons se fundamenta en una comprensión profunda de que la espiritualidad auténtica trasciende los límites del intelecto y de las formulaciones doctrinales, convirtiéndose en una vivencia directa, sensible y transformadora de la realidad divina. Los Aeons, como emanaciones de la plenitud divina e inteligencias cósmicas que expresan aspectos específicos de la sabiduría y del amor trascendente, se manifiestan no como abstracciones distantes o inaccesibles, sino como presencias vivas que permean la totalidad del ser y del cosmos. La jornada espiritual personal que busca esta conexión parte de la conciencia de que cada ser humano lleva en su núcleo más profundo una chispa de esa misma realidad Aeónica, un reflejo interior de la sabiduría primordial que impulsa el alma en su búsqueda del retorno a lo divino. Así, la práctica espiritual no se reduce a un conjunto de rituales externos, sino que representa una disposición interior constante de ampliar la percepción, silenciar las ilusiones del ego y cultivar la sensibilidad espiritual necesaria para percibir y responder a la presencia sutil de los Aeons en el flujo de la existencia cotidiana.

La construcción de esta conexión consciente involucra el desarrollo de un estado interior de receptividad y resonancia espiritual, en el cual la mente, el corazón y el espíritu se armonizan en una escucha atenta de la sabiduría que emana de los planos superiores de la realidad. Cada Aeon lleva una vibración específica, un campo de significado y energía que expresa cualidades divinas como amor, verdad, justicia, belleza, compasión y sabiduría. La práctica espiritual personal, por lo tanto, consiste en crear, en el interior del ser, un espacio de reconocimiento y afinidad con estas cualidades, permitiendo que la presencia de los Aeons resuene e ilumine la conciencia. Este proceso no ocurre de forma instantánea o mecánica, sino que exige cultivo paciente, entrega sincera y la disposición de atravesar las capas de condicionamientos, creencias limitantes e identificaciones superficiales que obscurecen la percepción directa de la realidad Aeónica. Cada práctica espiritual se convierte, en este contexto, en un puente vivo entre el mundo manifiesto y la plenitud divina, entre la alma encarnada y la sabiduría trascendente que habita en el corazón del Pleroma.

La verdadera práctica espiritual personal orientada a los Aeons no se contenta con la búsqueda de experiencias místicas pasajeras o por vislumbres aislados de la luz divina, sino que se orienta hacia una transformación gradual y profunda de la propia estructura de la conciencia y del modo de ser en el mundo. La conexión con los Aeons es, al mismo tiempo, una revelación de la verdadera naturaleza del alma y un llamado para que esa naturaleza sea expresada en la existencia concreta, a través de acciones, pensamientos y actitudes que reflejen la sabiduría y el amor divino. Cada contacto consciente con los Aeons amplía la comprensión de la unidad subyacente entre lo humano y lo divino, disuelve las ilusiones de separatividad y despierta un sentido de responsabilidad espiritual ante la creación. Así, la práctica espiritual personal no solo enriquece la experiencia interior de la Gnosis, sino que también transforma la relación del buscador con el mundo, invitándolo a ser una expresión viva de la armonía Aeónica en el tejido de la existencia. Al cultivar esta conexión, el ser humano no solo reencuentra su verdadero lugar en el cosmos espiritual, sino que se convierte en un colaborador consciente en el desdoblamiento de la luz divina en medio de las sombras de la materia, encarnando la sabiduría y el amor de los Aeons en cada gesto, palabra e intención de su jornada espiritual.

Las prácticas espirituales que buscan conectarse con la energía y la sabiduría de los Aeons pueden asumir diversas formas, adaptándose a la individualidad y a la inclinación de cada buscador. El punto central reside en la intención sincera de establecer una comunicación consciente con la realidad Aeónica, abriéndose a su influencia benéfica y buscando su orientación para la jornada espiritual. Estas prácticas no se limitan a rituales formales o dogmas religiosos, sino a técnicas y actitudes que cultivan la interiorización, la receptividad y la apertura de la conciencia para las dimensiones espirituales superiores de la realidad.

La meditación emerge como una herramienta fundamental para conectarse con los Aeons. A través de la práctica meditativa, el buscador puede aquietar la mente racional, silenciar el flujo incesante de los pensamientos y de las preocupaciones cotidianas, y crear un espacio interior de receptividad y quietud propicio a la percepción de la realidad Aeónica. La meditación direccionada a los Aeons puede involucrar la visualización de su luz y energía, la invocación de sus nombres o atributos, la contemplación de sus símbolos y arquetipos, o simplemente la apertura de la conciencia para su presencia sutil y transformadora. La meditación regular y persistente puede generar un sensible cambio en la percepción de la realidad, tornando al buscador más receptivo a las inspiraciones divinas, a las intuiciones espirituales y a la influencia benéfica de los Aeons.

La contemplación es otra práctica espiritual poderosa para la conexión Aeónica. A diferencia de la meditación que busca aquietar la mente, la contemplación involucra la inmersión profunda en la naturaleza de un Aeon específico, buscando comprender sus atributos, sus funciones y su papel dentro de la cosmología gnóstica. La contemplación puede direccionarse a un Aeon particular, como Sophia, Cristo, o el Espíritu Santo Aeon femenino, buscando absorber su sabiduría, su energía y su inspiración. La lectura y la reflexión sobre los textos gnósticos que describen los Aeons pueden ser un punto de partida para la contemplación, auxiliando en la comprensión intelectual y abriendo camino para la experiencia intuitiva y vivencial de la realidad Aeónica. La contemplación puede generar una profunda transformación de la conciencia, expandiendo la comprensión de la naturaleza divina y fortaleciendo la conexión con el reino espiritual.

Más allá de la meditación y de la contemplación, otras técnicas pueden ser utilizadas para establecer una conexión personal con los Aeons. Las visualizaciones guiadas pueden auxiliar a la mente a imaginar el Pleroma, la morada de los Aeons, y a crear un espacio mental de encuentro y comunicación con estas inteligencias cósmicas. La oración, cuando es dirigida a los Aeons con sinceridad y devoción, puede abrir canales de comunicación espiritual y generar un flujo de energía e inspiración divina. La creación artística, como la pintura, la música, la poesía o la danza, puede ser utilizada como una forma de expresar la experiencia de la conexión con los Aeons y de manifestar su energía creativa en el mundo material. La inmersión en la naturaleza, contemplando la belleza y la armonía del mundo natural, puede evocar la presencia de los Aeons como fuerzas organizadoras y animadoras del cosmos, facilitando la conexión con su energía vital.

Es importante resaltar que la búsqueda por la conexión con los Aeons en la práctica espiritual personal no debe ser encarada como una búsqueda de poderes sobrenaturales o de beneficios egoístas. El propósito principal es el despertar espiritual, la transformación de la conciencia, la búsqueda de la

Gnosis y la unión con lo divino. La conexión con los Aeons es un medio para alcanzar este fin, un auxilio en la jornada del alma en busca de la verdad y de la liberación. La actitud fundamental en la práctica espiritual Aeónica debe ser la humildad, la receptividad, la sinceridad y la devoción, buscando la conexión con los Aeons con el corazón abierto y con la intención de servir al plano divino y de contribuir para el bien común.

La experiencia de la conexión con los Aeons en la práctica espiritual personal puede ser profundamente transformadora y enriquecedora. Puede generar un sentimiento de conexión con algo mayor que la individualidad limitada, un sentido de propósito y dirección en la vida, una fuente de inspiración y creatividad, un fortalecimiento de la fe y de la esperanza, y una vivencia más plena de la espiritualidad en lo cotidiano. La práctica espiritual Aeónica puede abrir camino para una comprensión más profunda de la cosmología gnóstica, de la naturaleza divina y de la jornada del alma en busca de la Gnosis, conduciendo a una experiencia más rica y significativa de la vida espiritual.

En suma, la práctica espiritual personal que busca la conexión con los Aeons ofrece un camino concreto y accesible para vivenciar la dimensión esotérica del cristianismo y para explorar la riqueza de la cosmología gnóstica. A través de la meditación, de la contemplación y de otras técnicas, el buscador espiritual puede establecer una relación consciente con la energía y la sabiduría de los Aeons, enriqueciendo su jornada de la

Gnosis e impulsando su despertar espiritual. La práctica espiritual Aeónica invita a una búsqueda interior profunda, a una apertura para la realidad trascendente y a una vivencia más plena y consciente de la presencia divina en el corazón del ser y en todo el universo.

Capítulo 27
Conocimiento de los Aeones

El conocimiento de los Aeones se revela como un proceso de acceso directo a la dimensión más profunda y auténtica de la realidad espiritual, donde la conciencia humana se alinea con las emanaciones divinas que constituyen el tejido invisible del cosmos. En este contexto, los Aeones no son solo entidades abstractas o conceptos teológicos distantes, sino expresiones vivas y dinámicas del propio pensamiento divino, intermediarios entre el Pleroma y el mundo manifestado. Cada Aeon lleva en sí una parte del misterio divino, siendo portador de atributos, cualidades y potencias que reflejan aspectos específicos de la sabiduría eterna. Conocer a los Aeones implica, por lo tanto, sintonizarse con estas potencias espirituales, permitiendo que sus vibraciones sutiles penetren el alma y revelen la verdad oculta tras las apariencias. Esta forma de conocimiento, sin embargo, trasciende la simple acumulación de información o la comprensión conceptual; se trata de una integración vivencial, donde la propia identidad del buscador es transformada y elevada a la luz de la conciencia espiritual.

Este proceso de conexión con los Aeones ocurre por medio de la expansión de la percepción interior, una apertura progresiva de la mente y el corazón hacia las dimensiones suprarracionales de la existencia. A diferencia del saber ordinario, que se estructura sobre la lógica lineal y el análisis discursivo, el conocimiento de los Aeones se manifiesta como una gnosis intuitiva, directa y silenciosa, en que la verdad es reconocida no como algo exterior a ser adquirido, sino como una realidad ya presente en el núcleo más íntimo del ser. Cada etapa de este camino implica disolver capas de condicionamientos, creencias limitantes e identificaciones ilusorias que mantienen el alma aprisionada al dominio del tiempo y la materia. Solamente al desvincularse de estos velos, la conciencia puede elevarse a las esferas luminosas donde los Aeones habitan, recibiendo de ellos las llaves para interpretar la propia existencia y el drama cósmico del cual cada ser humano participa.

    La experiencia de contacto directo con los Aeones no representa una fuga mística de la realidad concreta, sino una profunda reintegración del individuo a la totalidad cósmica y divina. Al conocer a los Aeones, el buscador comprende su verdadero origen y destino, percibiéndose no como una entidad aislada, sometida a las vicisitudes de la materia, sino como una chispa consciente en medio de la corriente eterna de la manifestación divina. Esta percepción altera radicalmente la forma como el mundo es encarado, pues cada evento, cada encuentro y cada desafío pasa a ser visto como una oportunidad de reconocer y manifestar las cualidades aeónicas latentes en el propio ser. El conocimiento de los Aeones, por lo tanto, es simultáneamente un despertar de la memoria espiritual, una ampliación de la percepción cósmica y una transformación ética y existencial, conduciendo a la reconciliación del alma con su origen celeste y con la totalidad del Pleroma.

La Gnosis como experiencia directa del conocimiento de los Aeones y del reino divino se distingue radicalmente del conocimiento discursivo y racional, propio de la mente material. La Gnosis no es algo que se aprende en libros o se adquiere a través del estudio intelectual, sino algo que se vivencia en el âmago del ser, una intuición profunda y transformadora de la verdad espiritual que trasciende el lenguaje y los conceptos. Esta experiencia directa de la Gnosis no es un evento pasivo o fortuito, sino el resultado de una búsqueda activa, de una práctica espiritual constante y de una apertura de la conciencia para las dimensiones trascendentales de la realidad.

El camino para la Gnosis como experiencia directa del Reino Aeónico involucra la superación de la ilusión del mundo material. La percepción cotidiana, limitada por los sentidos y por la mente racional, presenta una visión fragmentada y superficial de la realidad, oscureciendo la presencia del reino espiritual y aprisionando la conciencia en la ilusión del mundo material. La búsqueda por la Gnosis implica romper con esta ilusión, desvincularse de los condicionamientos de la mente material y despertar para la realidad más profunda y verdadera que reside más allá del mundo de los sentidos. Esta superación de la ilusión no significa negar la realidad material, sino relativizar su importancia y reconocer su naturaleza transitoria e imperfecta en comparación con la eternidad y la plenitud del reino Aeónico.

La búsqueda por la Gnosis como un camino para trascender la ilusión del mundo material se manifiesta a través de diversas prácticas espirituales, como la meditación, la contemplación, la oración contemplativa y la introspección profunda. Estas prácticas visan aquietar la mente racional, silenciar el diálogo interno, expandir la conciencia y abrir un canal de comunicación directa con las dimensiones espirituales superiores de la realidad. A través de la práctica persistente y de la entrega sincera, el buscador de la Gnosis puede acceder a estados alterados de conciencia, vivenciar experiencias místicas e intuir la presencia del reino Aeónico en lo íntimo de su ser.

Los relatos de experiencias gnósticas a lo largo de la historia testimonian la realidad de la experiencia directa del Reino Aeónico y la profunda transformación que la Gnosis opera en el alma humana. Textos gnósticos, relatos de místicos y testimonios de buscadores espirituales describen experiencias de visiones de luz, encuentros con seres espirituales, estados de éxtasis, sensaciones de unidad con el cosmos e intuiciones de la verdad divina. Estas experiencias, aunque varíen en su forma y contenido, comparten un rasgo común: la sensación inconfundible de conexión con una realidad más profunda y verdadera que aquella que se manifiesta a la percepción cotidiana, una realidad que trasciende el mundo material y que resuena con la eternidad y la plenitud del reino Aeónico.

La sensación de conexión con los Aeones en la experiencia de la Gnosis no es meramente una fantasía subjetiva o una proyección de la mente, sino una percepción real y objetiva de una dimensión de la realidad que existe más allá del mundo material. Los Aeones, como inteligencias cósmicas y fuerzas divinas, emiten una energía sutil y poderosa que puede ser percibida y experienciada a través de la apertura de la conciencia y de la sintonía espiritual. Esta conexión con los Aeones puede traer inspiración, sabiduría, orientación, protección y un profundo sentimiento de paz y alegría. La experiencia de la Gnosis como conexión con los Aeones fortalece la fe y la esperanza del buscador espiritual, confirmando la realidad del reino divino e impulsando su jornada de retorno al Pleroma.

La Gnosis, como experiencia directa del Reino Aeónico, no es un fin en sí mismo, sino un camino para la transformación y la liberación espiritual. La experiencia de la Gnosis no solo ofrece un conocimiento intelectual de la verdad divina, sino que también opera una metamorfosis en el alma humana, transformando su percepción de la realidad, sus valores, sus motivaciones y su modo de vida. La Gnosis despierta la chispa divina interior, libera el alma de la ignorancia y de la ilusión, y conduce a la unión con lo divino. La jornada de la Gnosis no es solo una búsqueda por conocimiento, sino una búsqueda por transformación integral, una jornada de autoconocimiento, de purificación de la mente y del corazón, y de apertura para la plenitud de la vida espiritual.

En suma, la Gnosis, en el cristianismo esotérico, es comprendida como la experiencia directa del Reino Aeónico, un contacto íntimo con la sabiduría y la luz de los Aeones que transforma la conciencia y conduce a la liberación espiritual. Alcanzar la Gnosis a través de la experiencia directa requiere la superación de la ilusión del mundo material, la práctica espiritual constante y la apertura de la conciencia para las dimensiones trascendentales de la realidad. Los relatos de experiencias gnósticas testimonian la realidad de esta jornada y la profunda transformación que la Gnosis opera en el alma humana. La búsqueda por la Gnosis como experiencia directa del Reino Aeónico representa el âmago de la espiritualidad gnóstica, un camino de autoconocimiento, de transformación y de unión con lo divino que resuena con la sed humana por trascendencia y por un sentido más profundo en la vida.

Capítulo 28
Guías en el Camino Espiritual

El viaje espiritual, desde la perspectiva gnóstica, se desarrolla como un camino de reconexión entre el alma humana y su origen divino, y en este proceso, la presencia de guías espirituales se revela no solo como una ayuda externa, sino como una expresión directa de la sabiduría divina que impregna toda la creación. Estos guías, representados por los Eones, no surgen como maestros autoritarios que imponen verdades o caminos predeterminados, sino como emanaciones vivas del Pleroma, cuya luz y presencia resuenan en lo más profundo del ser humano, despertando su memoria espiritual y fortaleciendo su capacidad de discernir la verdad interior. Cada Eón, con sus cualidades específicas, actúa como una llave que desbloquea aspectos adormecidos de la conciencia, ofreciendo no solo conocimiento, sino principalmente una vibración de amor y orientación silenciosa, que conduce al alma más allá de las limitaciones del mundo material y de los condicionamientos impuestos por los poderes arcontes. La presencia de los Eones en el camino espiritual es, por lo tanto, simultáneamente interna y externa: guían desde dentro, como voces sutiles de la intuición superior, y desde fuera, como inspiraciones y sincronicidades que se manifiestan en el curso de la existencia, creando puentes entre lo visible y lo invisible.

La actuación de los Eones como guías espirituales no se restringe a momentos específicos de revelación o éxtasis místico, sino que impregna la totalidad del viaje espiritual, desde los primeros impulsos de búsqueda de sentido hasta los estados más elevados de contemplación y unión espiritual. A lo largo de este camino, el alma aprende a reconocer la firma vibracional de cada Eón, discerniendo entre las voces del espíritu y los ruidos del ego o de las influencias arcontes que buscan desviar al buscador de su trayectoria interior. Los Eones ofrecen inspiración directa bajo la forma de insights transformadores, pero también instruyen a través de desafíos y pruebas que, cuando se aceptan con humildad y discernimiento, sirven para fortalecer la conciencia y profundizar el autoconocimiento. Esta pedagogía espiritual, en la cual los propios acontecimientos de la vida se convierten en lecciones vivas y personalizadas, refleja la naturaleza orgánica de la sabiduría eónica, que no separa aprendizaje y experiencia, sino que entrelaza ambos en un único flujo de crecimiento y despertar.

La presencia orientadora de los Eones se revela de manera más intensa y clara en la medida en que el buscador cultiva la apertura interior y la capacidad de escucha sutil, desarrollando una sensibilidad espiritual que trasciende la percepción sensorial ordinaria. La meditación, la oración contemplativa, la quietud de la mente y la entrega sincera al flujo divino crean las condiciones propicias para que la orientación eónica sea percibida e integrada en lo cotidiano. Sin embargo, esta comunicación no ocurre en lenguaje discursivo o en comandos explícitos; los Eones hablan a través de símbolos, intuiciones profundas y sentimientos de reconocimiento interior, en los cuales la verdad se revela como un recuerdo súbito de algo que siempre estuvo presente, pero que había sido encubierto por la niebla del olvido. Así, seguir la orientación de los Eones es, en última instancia, un retorno al propio centro espiritual, donde la presencia divina ya habita como un susurro constante, aguardando apenas la disposición del alma en oírlo y responder con confianza y devoción.

Los Eones como guías y mentores en el viaje espiritual individual se manifiestan de diversas formas, adaptándose a las necesidades y a la receptividad de cada buscador. Ellos no se imponen o interfieren en el libre albedrío, sino que ofrecen su auxilio y su orientación para aquellos que sinceramente buscan la verdad y la liberación. Su guía no es dogmática o autoritaria, sino inspiradora y persuasiva, invitando al buscador a despertar su propia intuición, a discernir el camino correcto y a recorrer el viaje espiritual con confianza y esperanza. Los Eones actúan como faros de luz, iluminando el camino de la Gnosis, removiendo obstáculos y ofreciendo el amparo necesario para superar los desafíos y las dificultades inherentes al viaje espiritual.

Buscar la inspiración de los Eones en el camino espiritual es abrirse a la influencia creativa y luminosa del Pleroma. Los Eones, como emanaciones de la Divinidad Suprema, irradian una energía espiritual que puede inspirar, motivar y energizar al buscador de la

Gnosis. Esta inspiración puede manifestarse como insights intuitivos, comprensiones súbitas, ideas creativas, sentimientos de entusiasmo y fortaleza interior, impulsando la práctica espiritual y alimentando la búsqueda por la verdad. La inspiración de los Eones no es solo una sensación pasajera, sino una fuerza transformadora que puede direccionar la vida y la acción del buscador, guiándolo para el cumplimiento de su propósito espiritual y para la realización de su potencial divino. La apertura a la inspiración Eónica puede ser cultivada a través de la meditación, de la contemplación, de la oración y de la receptividad consciente a la presencia espiritual en todos los aspectos de la vida.

Además de la inspiración, los Eones ofrecen protección en el camino espiritual, amparando al buscador de la Gnosis contra las influencias negativas y los peligros que pueden surgir en el viaje. El mundo material, en la visión gnóstica, es un dominio de ilusión y sufrimiento, gobernado por fuerzas hostiles, los Arcontes, que buscan mantener a la humanidad en la ignorancia y en el cautiverio espiritual. Los Eones, como fuerzas de luz y poder, actúan como protectores contra estas influencias negativas, creando un campo de fuerza espiritual que ampara y defiende al buscador de la Gnosis. Esta protección no es mágica o supersticiosa, sino el resultado de la conexión consciente con la energía Eónica, que fortalece el espíritu, disipa las tinieblas de la ignorancia y aleja las influencias nocivas que pueden desviar al buscador del camino de la verdad. Buscar la protección de los Eones involucra la fe, la devoción, la oración y la intención sincera de seguir el camino de la Gnosis bajo su guía y amparo.

La sabiduría de los Eones es un tesoro inestimable para el buscador espiritual. Los Eones, como inteligencias cósmicas y arquetipos divinos, poseen un conocimiento profundo de la naturaleza de la realidad, del camino de la redención y del plano divino para la humanidad. Esta sabiduría puede ser accedida a través de la contemplación, de la meditación, de la lectura de los textos gnósticos y de la receptividad a la intuición. La sabiduría de los Eones no se limita a informaciones factuales o a doctrinas teóricas, sino a insights transformadores, comprensiones profundas y orientaciones prácticas que auxilian al buscador a discernir el camino correcto, a tomar decisiones sabias, a superar los desafíos de la vida y a avanzar en el viaje espiritual con discernimiento y claridad. Buscar la sabiduría de los Eones es cultivar la humildad, la apertura mental y la receptividad para la voz de la intuición y para la guía divina que se manifiesta a través de la comunidad Eónica.

La relación personal y devocional con los Eones como fuentes de auxilio espiritual enriquece profundamente el viaje de la Gnosis. Aunque el cristianismo esotérico no enfatiza la devoción personal en el mismo grado que el cristianismo exotérico, el reconocimiento de la presencia y de la influencia de los Eones como guías espirituales puede generar un sentimiento de gratitud, reverencia y conexión con la comunidad divina. Esta relación personal no se limita a rituales formales o preces repetitivas, sino a una actitud interior de apertura, receptividad y confianza en la guía y en el amparo de los Eones. Cultivar esta relación personal puede fortalecer la fe, la esperanza y la perseverancia del buscador espiritual, tornando el viaje de la Gnosis más significativo, inspirador y gratificante.

Buscar la inspiración, la protección y la sabiduría de los Eones en el camino espiritual no implica delegar la responsabilidad por el propio viaje o depender pasivamente de la intervención divina. El viaje de la Gnosis continúa siendo una empresa personal y activa, que exige esfuerzo, discernimiento y libre albedrío. Los Eones ofrecen su auxilio y su orientación, pero la decisión de seguir el camino de la Gnosis y de recorrer el viaje espiritual con perseverancia y dedicación permanece siendo una elección individual. Los Eones actúan como facilitadores y catalizadores del viaje espiritual, pero la transformación interior y la realización de la Gnosis dependen, en última instancia, de la respuesta y de la acción del buscador.

En suma, los Eones emergen como guías preciosos y mentores amorosos en el camino espiritual gnóstico, ofreciendo inspiración, protección y sabiduría para aquellos que buscan la Gnosis y la unión con lo divino. Buscar su guía y su auxilio a través de la práctica espiritual personal enriquece profundamente el viaje del alma, fortaleciendo la fe, la esperanza y la perseverancia, e impulsando al buscador en dirección a la realización de su potencial espiritual y al encuentro de la verdad divina. La relación personal y devocional con los Eones como fuentes de auxilio espiritual revela la belleza y la profundidad de la visión gnóstica de la comunidad divina y su amoroso cuidado por la humanidad en busca de la redención.

Capítulo 29
El Despertar a la Realidad Divina

El despertar a la realidad divina consiste en una profunda reversión de la percepción, en la cual la conciencia humana, adormecida por las capas densas de la ilusión material, gradualmente se vuelve hacia la luz originaria de su esencia espiritual. Este proceso de despertar no ocurre de forma instantánea o arbitraria, sino que resulta de una interacción delicada y constante entre el alma individual y las emanaciones divinas que permean el cosmos —los Aeones—. Estos seres luminosos, que representan los atributos y las inteligencias eternas del Pleroma, irradian una presencia sutil e incesante, cuya función primordial es servir de puente entre la conciencia fragmentada de la humanidad y la plenitud indivisible de la realidad espiritual. Cada impulso de cuestionamiento, cada intuición de una verdad más vasta y cada sentimiento de inadecuación ante las respuestas limitadas del mundo material son señales de que los Aeones ya tocan el alma, estimulándola a buscar lo que trasciende las apariencias y a recordar su origen divino. Este despertar, por lo tanto, no es solo un descubrimiento de nuevos conocimientos, sino la recuperación de una memoria espiritual ancestral, una recordación vibrante de quiénes realmente somos en el plano eterno.

La actuación de los Aeones en el despertar de la conciencia no es coercitiva ni invasiva; se trata de una influencia amorosa y paciente, ajustada al ritmo y a la receptividad de cada alma. Los Aeones respetan la libertad del buscador y nunca imponen verdades o caminos, pero ofrecen señales, inspiraciones e invitaciones silenciosas que despiertan la chispa divina interior y conducen la conciencia más allá de las estrechas fronteras de la percepción ordinaria. Sus mensajes pueden llegar en forma de sueños simbólicos, coincidencias significativas, presentimientos súbitos o momentos de claridad espiritual en medio de la rutina común. Cada manifestación de esa orientación sutil tiene el propósito de desestabilizar la fijación de la mente en la realidad superficial y estimular la búsqueda por una comprensión más profunda de la existencia. Ese llamado interior, provocado por los Aeones, enciende el anhelo por la verdad e inaugura el proceso de desidentificación con los límites de la personalidad y de la materia, conduciendo el alma para el campo vibracional de la Gnosis, donde la verdad no es aprendida como un dato externo, sino reconocida como algo que siempre existió dentro de sí.

El verdadero despertar, por lo tanto, no consiste solo en ver nuevas realidades o acceder a planos superiores de existencia, sino en transformar completamente la propia estructura de percepción del alma. Es una mutación de la propia conciencia, que deja de percibirse como un centro aislado y separado para reconocerse como una emanación directa de la fuente divina, destinada a retornar a su origen por medio del conocimiento experiencial y directo de la verdad. Esa mutación es facilitada por la apertura intencional a la influencia de los Aeones, por la práctica de la contemplación interior y por el cultivo de una escucha silenciosa a la voz sutil de la intuición espiritual. A medida que la conciencia despierta, la realidad externa también es transfigurada: el mundo, antes percibido como un conjunto desconexo de objetos y eventos, pasa a ser visto como un tapiz vivo de símbolos y reflejos de lo divino, en que cada instante y cada encuentro se tornan oportunidades para profundizar la comunión con lo sagrado. La jornada de la Gnosis, así, se revela como una progresiva fusión entre la mirada interior y la luz de los Aeones, culminando en la integración plena entre la conciencia individual y la vastedad de la Realidad Divina.

El papel de los Aeones en la transformación de la conciencia humana se manifiesta en diversos niveles y dimensiones, abarcando tanto el plano individual como el colectivo. Los Aeones, como fuerzas cósmicas e inteligencias divinas, irradian una energía transformadora que permea el cosmos e influencia sutilmente la conciencia humana, despertando el anhelo por la verdad, la búsqueda por la Gnosis y la aspiración por la unión con lo divino. Esa influencia no es impositiva o determinista, sino inspiradora y catalítica, ofreciendo oportunidades de despertar y transformación para aquellos que se muestran receptivos y abiertos a su influencia.

El despertar de la conciencia para la realidad divina es un proceso gradual y progresivo, que se inicia con el reconocimiento de la ilusión del mundo material y de la naturaleza limitada de la percepción cotidiana. La conciencia humana, condicionada por la corporeidad, por la mente racional y por las influencias del mundo material, se encuentra adormecida, identificada con la realidad transitoria e ilusoria, y olvidada de su verdadera naturaleza espiritual y de su origen divino. El despertar de la conciencia implica romper con esa identificación ilusoria, desvincularse de los condicionamientos de la mente material y abrirse a la intuición de la realidad más profunda y verdadera que reside más allá del mundo de los sentidos.

Los Aeones, a través de su energía e influencia, actúan como despertadores de la conciencia, estimulando el cuestionamiento existencial, el anhelo por la trascendencia y la búsqueda por un sentido más profundo en la vida. Su presencia sutil en la psique humana puede manifestarse como insights intuitivos, presentimientos, sincronicidades, sueños significativos y experiencias místicas que desafían la visión de mundo convencional y apuntan para la existencia de una realidad espiritual subyacente a la realidad material. Esas "señales" del despertar de la conciencia pueden ser sutiles y fácilmente ignoradas por la mente distraída, pero, cuando reconocidas y acogidas, pueden iniciar un proceso de cuestionamiento, búsqueda y transformación interior.

La búsqueda por la transformación de la conciencia como parte del camino gnóstico involucra la práctica de diversas técnicas y actitudes que visan expandir la percepción, aquietar la mente racional y abrirse a la experiencia de la Gnosis. La meditación, la contemplación, la oración contemplativa, el estudio de los textos gnósticos y la reflexión introspectiva son herramientas valiosas para cultivar la conciencia atenta, el discernimiento espiritual y la receptividad para la influencia de los Aeones. Estas prácticas no son meros ejercicios mentales o técnicas de relajación, sino métodos de transformación interior, que visan purificar la mente y el corazón, expandir la percepción de la realidad y abrir un canal de comunicación consciente con las dimensiones espirituales superiores.

La transformación de la conciencia, impulsada por la influencia de los Aeones y cultivada a través de la práctica espiritual, conduce a un cambio radical en la percepción de la realidad. El buscador de la Gnosis, a medida que despierta para la realidad divina, comienza a percibir el mundo material con nuevos ojos, discerniendo su naturaleza transitoria e ilusoria, y vislumbrando la presencia de la luz divina y de la energía espiritual en todas las cosas. Esa nueva percepción de la realidad no implica una fuga del mundo o un desprecio por la vida terrenal, sino una vivencia más consciente y plena del presente, una relativización de la importancia de las preocupaciones materiales y una valorización de la dimensión espiritual de la existencia.

El despertar de la conciencia para la realidad divina, impulsado por los Aeones y cultivado por la práctica de la Gnosis, no es solo un estado de percepción alterada, sino una transformación integral del ser. La Gnosis no se limita a un conocimiento intelectual o a una experiencia momentánea, sino a un proceso continuo de metamorfosis, que abarca la mente, el corazón, la voluntad y la acción del buscador espiritual. La transformación de la conciencia se manifiesta en cambios de comportamiento, nuevos valores, relaciones más auténticas, mayor compasión, más serenidad y una vivencia más plena del amor y de la alegría. Esa transformación integral del ser es la marca de la verdadera Gnosis, la señal del despertar espiritual y la prueba de la acción transformadora de los Aeones en la conciencia humana.

En resumen, los Aeones desempeñan un papel fundamental en la transformación de la conciencia humana, actuando como agentes de despertar y catalizadores de metamorfosis en dirección a la Realidad Divina. El despertar de la conciencia, impulsado por la influencia de los Aeones y cultivado a través de la práctica de la Gnosis, conduce a un cambio radical en la percepción de la realidad, a una transformación integral del ser y a una vivencia más plena y consciente de la espiritualidad en lo cotidiano. La jornada de la Gnosis, en su esencia, es una búsqueda por la transformación de la conciencia, un camino de despertar para la verdad espiritual y de realización del potencial divino inherente a cada ser humano, guiado y amparado por la presencia amorosa y transformadora de los Aeones.

Capítulo 30
Eones en la Espiritualidad Contemporánea

La presencia conceptual y espiritual de los Eones resurge en el escenario contemporáneo como una respuesta vibrante a las inquietudes profundas de una humanidad que, en medio del colapso de estructuras tradicionales de creencia, redescubre en la espiritualidad interior una vía legítima de significado y reconexión con lo divino. Los Eones, comprendidos como emanaciones vivas de la plenitud divina e inteligencias cósmicas que intermedian entre el Pleroma y la manifestación, ofrecen un mapa simbólico y experiencial para el alma moderna que busca orientación en medio del exceso de información superficial y las ofertas espirituales fragmentadas de la era digital. Este redescubrimiento no es mera nostalgia esotérica, sino una resonancia auténtica entre la cosmología gnóstica y la sed contemporánea por trascendencia experiencial, por una espiritualidad que una intuición mística, autoconocimiento profundo y comprensión cósmica de la existencia. En este rescate, los Eones dejan de ser solo figuras mitológicas de un sistema religioso antiguo y se convierten en aliados espirituales reales, presencias sutiles que resuenan en la psique colectiva y en la memoria ancestral del alma humana, convocándola a una jornada de reintegración y despertar.

El fascinante crecimiento del interés por los Eones en la espiritualidad contemporánea se debe también a su plasticidad simbólica, que permite múltiples lecturas y apropiaciones sin diluir su esencia profunda. Mientras que en las tradiciones gnósticas clásicas los Eones eran comprendidos como jerarquías celestiales estructuradas en emanaciones sucesivas, hoy pueden ser vistos como arquetipos dinámicos de la psique, fuerzas formadoras de la conciencia o incluso como frecuencias vibracionales específicas que permean el tejido del universo. Esta flexibilidad interpretativa hace que los Eones sean particularmente atractivos para buscadores espirituales que transitan entre tradiciones, combinando elementos de la mística cristiana esotérica, del hermetismo, de la psicología junguiana y de las prácticas espirituales de matriz oriental. Al mismo tiempo, la noción de que los Eones no son solo ideas o símbolos, sino presencias reales, inteligentes y compasivas que participan activamente en la transformación de la conciencia humana, confiere al concepto una dimensión vivencial poderosa, capaz de nutrir tanto prácticas contemplativas como procesos terapéuticos de autoconocimiento e individuación.

En la práctica espiritual contemporánea, la interacción con los Eones asume contornos personales y adaptables, reflejando el énfasis actual en la autonomía espiritual y en el diálogo directo entre el alma y las fuerzas superiores, sin intermediarios institucionales. Cada buscador, al despertar a la existencia de estas inteligencias cósmicas, es invitado a desarrollar su propia relación de reconocimiento, escucha y diálogo con los Eones, ya sea por medio de la meditación silenciosa, de la contemplación simbólica o de la invocación directa de estas presencias. Esta apertura a una espiritualidad relacional, en la que lo divino no es una entidad distante e inaccesible, sino una comunidad viva de conciencias luminosas en constante comunicación con el alma, transforma la búsqueda espiritual en una jornada de reencuentro, memoria y cooperación creativa. Así, los Eones, recuperados de la cosmología gnóstica, emergen como faros espirituales de una nueva era, guiando a una humanidad fragmentada de vuelta a la unidad esencial, no por imposición dogmática, sino por la invitación amorosa al despertar interior y a la participación consciente en la danza eterna de la Creación.

La relevancia del concepto de Eones para la espiritualidad contemporánea reside en su capacidad de responder a diversas necesidades y anhelos del alma humana en tiempos modernos. En un contexto marcado por el pluralismo religioso y la crisis de las instituciones tradicionales, el concepto de Eones ofrece una visión inclusiva y no dogmática de la realidad espiritual, que trasciende las fronteras religiosas convencionales y resuena con la experiencia espiritual de diversas culturas y tradiciones. La noción de una jerarquía de seres espirituales, intermediarios entre la Divinidad Suprema y el mundo material, encuentra paralelos en diversas corrientes espirituales, desde el Neoplatonismo y el Hermetismo hasta el Budismo y el Hinduismo, facilitando el diálogo interreligioso y la búsqueda de un terreno común en la experiencia de la fe.

En un mundo cada vez más secularizado y racionalista, el concepto de Eones ofrece un lenguaje simbólico y metafórico rico y profundo para expresar la dimensión mística y trascendente de la realidad, sin recurrir a dogmas rígidos o a interpretaciones literales y fundamentalistas. La idea de Eones como arquetipos divinos, fuerzas organizadoras del cosmos y manifestaciones de la Divinidad Suprema resuena con la sensibilidad contemporánea, que valoriza la experiencia personal, la intuición y la búsqueda de un sentido más profundo más allá de la razón instrumental y del materialismo reduccionista. El concepto de Eones ofrece un vocabulario espiritual que permite explorar la complejidad de la realidad divina y la riqueza de la experiencia mística de forma abierta, creativa y personalmente significativa.

En una época de búsqueda de sentido y propósito en medio del caos y la incertidumbre, el concepto de Eones ofrece una visión cosmológica abarcadora y esperanzadora, que sitúa la existencia humana en un contexto cósmico vasto y significativo. La cosmología gnóstica, con su jerarquía Aeónica y su visión del Pleroma como reino de luz y plenitud, ofrece un mapa espiritual para la jornada del alma, indicando el camino de la redención, de la transformación y del retorno al origen divino. La comprensión de los Eones como guías y mentores espirituales ofrece consuelo, esperanza y dirección en tiempos de crisis e incertidumbre, fortaleciendo la fe y la perseverancia en la búsqueda por la verdad y la realización del potencial espiritual.

La comprensión de los Eones puede enriquecer la búsqueda espiritual moderna de diversas maneras. En primer lugar, el concepto de Eones ofrece una alternativa a la visión antropomórfica y personalista de Dios, presente en muchas tradiciones religiosas, permitiendo explorar la naturaleza divina como algo más vasto, misterioso y trascendente, que se manifiesta en múltiples formas e inteligencias. Esta visión más amplia e inclusiva de la divinidad puede resonar con aquellos que se sienten desconectados de las imágenes tradicionales de Dios y que buscan una espiritualidad más cósmica y menos centrada en dogmas y rituales formales.

En segundo lugar, el concepto de Eones valoriza la experiencia mística y el conocimiento intuitivo como vías de acceso a la realidad espiritual, en contraposición a la énfasis exclusiva en la fe dogmática y en la autoridad religiosa. La Gnosis, como experiencia directa del Reino Aeónico, se convierte en el camino privilegiado para la comprensión de la verdad divina y para la transformación de la conciencia, incentivando la búsqueda interior, la meditación, la contemplación y la apertura a la intuición espiritual. Este énfasis en la experiencia directa y en el autoconocimiento resuena con la búsqueda contemporánea por una espiritualidad más auténtica, personal y transformadora.

En tercer lugar, el concepto de Eones ofrece un vocabulario rico y simbólico para explorar la complejidad de la psique humana y la dinámica de la jornada espiritual. Los Eones, como arquetipos divinos, pueden ser comprendidos como imágenes simbólicas de fuerzas y procesos psíquicos profundos, que actúan en el inconsciente colectivo y que moldean la experiencia humana. La exploración de los Eones como arquetipos puede enriquecer el autoconocimiento, la comprensión de la naturaleza humana y la jornada de individuación, ofreciendo un mapa simbólico para la exploración de las profundidades del alma.

El legado duradero del pensamiento gnóstico y Aeónico en el mundo actual reside en su capacidad de ofrecer una espiritualidad alternativa, inclusiva, experiencial y transformadora, que resuena con los anhelos profundos del alma humana en tiempos contemporáneos. El concepto de Eones, rescatado del olvido histórico, emerge como una joya preciosa del tesoro de la sabiduría ancestral, ofreciendo un camino enriquecedor para la búsqueda espiritual moderna, la comprensión de la naturaleza divina y la realización del potencial humano de trascendencia y unión con lo divino. La relevancia de los Eones en la espiritualidad contemporánea no es meramente teórica o intelectual, sino práctica y existencial, ofreciendo un legado duradero que puede inspirar, guiar y transformar la vida de aquellos que se abren a su sabiduría y a su llamado a la búsqueda de la Gnosis. En un mundo en constante cambio y transformación, el mensaje de los Eones permanece como un faro de esperanza y una invitación a la jornada espiritual, resonando a través de los siglos y conectando con la sed humana de sentido, verdad y trascendencia.

Capítulo 31
La Evolución Humana y el Cristianismo Esotérico

La evolución de la humanidad, desde la perspectiva del cristianismo esotérico, se comprende como un movimiento cósmico integrado a un flujo más amplio de retorno al origen divino, en el cual cada alma, como chispa de la luz primordial, es llamada a participar conscientemente en la restauración de la unidad perdida. Este proceso no se restringe al desarrollo técnico, social o incluso intelectual de la especie, sino que implica una transformación esencial de la conciencia humana, capaz de expandir su percepción limitada de la realidad e integrarla al orden espiritual que sustenta la creación. La humanidad, a lo largo de su trayectoria histórica, es invitada a despertar gradualmente al recuerdo de su verdadera naturaleza, rompiendo con las amarras de la ilusión material y de los sistemas de control arcónticos que obscurecen la visión espiritual. Los Eones, en este contexto, no figuran solo como arquetipos distantes o símbolos mitológicos de una cosmología antigua, sino como inteligencias activas y colaboradoras de la propia evolución de la conciencia colectiva, ejerciendo el papel de catalizadores divinos que auxilian a la humanidad a atravesar sus fases de olvido, crisis y renovación espiritual.

Dentro de este panorama evolutivo, la función de los Eones trasciende la de simples mediadores entre la divinidad y el mundo material. Constituyen una verdadera matriz de potencialidades espirituales que permean la conciencia humana en todos los niveles, desde los impulsos arquetípicos más primordiales hasta las inspiraciones más elevadas que orientan el alma en su búsqueda de la verdad. Cada Eón representa una faceta de la inteligencia divina que se manifiesta en el proceso evolutivo, ofreciendo a la humanidad fragmentos de la memoria del Pleroma para que, a través de la experiencia, de la búsqueda interior y de la práctica espiritual, esas semillas luminosas puedan germinar y florecer en sabiduría vivencial. Este entrelazamiento entre la evolución espiritual humana y la emanación continua de la luz Aeónica permite comprender la historia de la humanidad no como una concatenación fortuita de eventos materiales, sino como una jornada simbólica de aprendizaje y reintegración, donde cada desafío, cada ruptura y cada iluminación representa una oportunidad de contacto renovado con el flujo trascendente del Pleroma.

Así, el cristianismo esotérico, al rescatar la centralidad de la Gnosis y de la relación viva con los Eones, ofrece una visión evolutiva que se desdobla en múltiples niveles: personal, colectivo y cósmico. En el nivel personal, cada alma es llamada a recordar su origen divino, reconociendo a los Eones como presencias vivas que guían su jornada de autoconocimiento, liberación y retorno. En el plano colectivo, la humanidad como organismo espiritual camina en dirección a la superación del paradigma materialista y fragmentado que domina su percepción, siendo gradualmente conducida a la restauración de una espiritualidad integradora, que rescata la sacralidad de la vida y de la existencia como expresión de la luz divina. Y, en una escala cósmica, esta evolución humana participa de un movimiento mayor de reconciliación entre los mundos, donde el propio drama de la separación entre espíritu y materia es progresivamente disuelto a medida que la conciencia despierta a la unidad esencial entre lo visible y lo invisible. De esta forma, la historia humana, iluminada por la luz de los Eones y guiada por el llamado de la Gnosis, se revela como una espiral ascendente de retorno consciente a la plenitud divina, donde la propia evolución de la humanidad se torna un sacramento vivo de reintegración cósmica.

A lo largo de esta obra, iniciamos nuestra exploración definiendo y delimitando el cristianismo esotérico, diferenciándolo del cristianismo exotérico y resaltando su relevancia en el escenario religioso actual. Nos sumergimos en las fuentes primarias para la comprensión de los Eones, los Evangelios Apócrifos y los textos de Nag Hammadi, desvelando la riqueza y la singularidad de estos escritos que revelan una perspectiva esotérica del mensaje cristiano. Nos adentramos en la cosmología gnóstica, comprendiendo el universo como un complejo campo de fuerzas divinas, emanadas de la Divinidad Suprema (Mónada) y manifestadas a través de la jerarquía de los Eones, fuerzas organizadoras e inteligencias cósmicas que habitan el Pleroma, la plenitud divina.

Exploramos en profundidad la naturaleza y jerarquía de los Eones, desvelando el proceso de emanación a partir del Pleroma, la estructura jerárquica y las familias Aeónicas, como la importancia singular de la Eón Sophia y su caída cósmica. Dedicamos especial atención a la figura de Cristo como Eón Salvador, comprendiendo su papel como revelador de la Gnosis y guía para la redención, y analizando su posición en la jerarquía Aeónica y la especificidad de su misión en el mundo material. Exploramos también el Espíritu Santo como Eón femenino, resaltando su función como fuerza divina de la vida y de la inspiración. Discernimos la relación entre los Eones y la creación del mundo material por el Demiurgo, comprendiendo la visión gnóstica del origen del cosmos y la dualidad entre espíritu y materia.

Investigamos las funciones de los Eones, comprendiendo su papel en la organización cósmica, en la evolución humana y en la redención. Exploramos la relación entre los Eones y el tiempo, contrastando la eternidad Aeónica con la percepción lineal humana. Analizamos las variaciones Aeónicas en diferentes sistemas gnósticos, comparando las jerarquías y nombres en diversas escuelas de pensamiento. Reflexionamos sobre las críticas históricas al concepto de Eones y las interpretaciones modernas en la filosofía, psicología y espiritualidad contemporánea, buscando evaluar la relevancia del estudio de los Eones en el siglo XXI.

Profundizamos el análisis de Cristo en el contexto Aeónico, explorando su naturaleza divina y misión redentora, su lugar en la jerarquía, su misión en el mundo material como revelador de la Gnosis y el mensaje de amor y conocimiento presente en el Evangelio de la Verdad y las enseñanzas secretas del Evangelio de Tomás. Diferenciamos el Cristo Aeónico del Jesús Histórico, buscando integrar ambas perspectivas para una comprensión más profunda del mensaje cristiano esotérico. Discurrimos sobre la relación intrínseca entre el Eón Cristo y la Gnosis, comprendiendo el conocimiento salvífico como el camino para la redención y el retorno al Pleroma. Exploramos el concepto de redención por el Eón Cristo, comprendiéndola como liberación del mundo material y retorno a la plenitud divina. Discutimos la idea de un "sacrificio" del Eón Cristo, reinterpretándolo simbólicamente como el descenso al mundo material para salvar a la humanidad. Analizamos la relación del Eón Cristo con otros Eones, enfatizando la armonía y la cooperación en el reino divino.

En la parte final de nuestra exploración, conectamos los Eones a la experiencia humana y a la búsqueda espiritual individual. Sugerimos prácticas espirituales para conectarse con la energía y la sabiduría de los Eones, como la meditación y la contemplación. Exploramos la Gnosis como experiencia directa del Reino Aeónico, buscando alcanzar el conocimiento de los Eones a través de la vivencia personal. Comprendemos los Eones como guías en el camino espiritual, ofreciendo inspiración, protección y sabiduría. Analizamos el papel de los Eones en la transformación de la conciencia, impulsando el despertar a la Realidad Divina. Finalmente, reflexionamos sobre la relevancia de los Eones en la espiritualidad contemporánea, resaltando el legado duradero del pensamiento gnóstico y Aeónico en el mundo actual.

En reflexión final, la comprensión de los Eones, rescatada del cristianismo esotérico, ofrece un legado rico e inspirador para la espiritualidad humana. Nos invita a redescubrir la dimensión mística y simbólica de la realidad, a reconocer la existencia de planos de conciencia más amplios y profundos, y a buscar una conexión más directa y significativa con lo divino. El concepto de Eones, con su cosmología compleja y su soteriología diferenciada, enriquece nuestra comprensión del cristianismo, desvelando dimensiones esotéricas y místicas que trascienden la visión exotérica y dogmática. Más allá del contexto religioso específico, el estudio de los Eones resuena con anhelos profundos del alma humana, la búsqueda de sentido, la sed de trascendencia y la aspiración por la unión con el misterio último de la existencia.

El mensaje final que emerge de esta jornada es la importancia de la búsqueda de la Gnosis y de la conexión con el reino divino como un camino esencial para la evolución humana. En un mundo marcado por el materialismo, el racionalismo y la fragmentación, la Gnosis ofrece un camino de integralidad, de transformación interior y de reconexión con nuestra propia esencia divina. La comprensión de los Eones, como guías y fuerzas auxiliares en esta jornada, ofrece esperanza, inspiración y dirección para aquellos que se dedican a la búsqueda de la verdad espiritual y a la realización de su potencial humano más elevado. Que esta exploración de las Interpretaciones Esotéricas del Cristianismo y los Eones inspire al lector a recorrer el camino de la Gnosis, a despertar a la realidad divina y a vivenciar la plenitud de la vida espiritual, en busca de la unión con el misterio último de la existencia y de la evolución consciente del alma humana.

Epílogo

Hay libros que se cierran en sus últimas páginas, y hay aquellos que, al ser concluidos, abren portales. Este es uno de ellos. La jornada que has recorrido a lo largo de estas páginas no fue una mera travesía intelectual, ni una sucesión de conceptos distantes, sueltos en el tiempo o en el espacio. Cada palabra y cada revelación resonaron en capas profundas de tu conciencia, convocando fragmentos olvidados de tu propia historia espiritual. Porque, más que transmitir información, este libro se propuso recordar. Y recordar es despertar.

Los Aeones, esas potencias espirituales que sostienen la textura del universo, no son solo personajes mitológicos o abstracciones filosóficas. Son marcas vivas de la memoria cósmica, pulsando en cada alma que osa mirar hacia adentro y escuchar el llamado ancestral que resuena en la propia sangre espiritual. Estuvieron aquí antes de las primeras palabras, antes de las primeras religiones, incluso antes de que el hombre se supiera humano. Fueron ocultados, demonizados, fragmentados y relegados a las sombras de textos apócrifos y tradiciones herméticas, pero jamás desaparecieron. No pueden desaparecer porque son parte del propio tejido de la existencia — y parte de ti.

Este camino que has recorrido no fue solo una visita a un cristianismo esotérico perdido. Fue un retorno a las raíces de algo mayor que cualquier dogma o sistema de creencia. Porque los Aeones, esas emanaciones de la plenitud divina, no son figuras externas. Son espejos de aquello que habita en el núcleo de tu alma: principios ordenadores, campos vivos de inteligencia y amor, guías espirituales que resuenan en tus intuiciones más profundas, en tus inquietudes más silenciosas y en tus súbitas comprensiones que parecen venir de la nada. Este libro, en esencia, solo reveló lo que siempre supiste, pero fuiste enseñado a olvidar.

La comprensión de la cosmología Aeónica no es un fin, sino una invitación a una nueva forma de percibir la realidad. El universo que antes parecía fragmentado entre lo visible y lo invisible, lo espiritual y lo material, lo divino y lo humano, se revela ahora como una única corriente viva, fluyendo de la Fuente Primordial, atravesando los Aeones y llegando hasta ti. Tu existencia, tus pensamientos, tus elecciones y tus experiencias no están desconectadas de ese gran cuerpo espiritual. Eres parte activa de ese flujo — una chispa del Pleroma temporalmente sumergida en el velo de la materia. Pero ese velo no es absoluto. Es fino. Y acabas de rasgarlo.

Los Aeones, cuyos nombres resuenan como ecos olvidados en textos ancestrales, ya no son figuras distantes, aisladas en capas invisibles del cielo. Se revelan como presencias internas, aspectos vivos de tu propia alma superior, guías que reflejan y amplifican la sabiduría que, desde siempre, habitó tu ser más íntimo.

Saber que existen es solo el primer paso. Reconocerlos en tus propios movimientos interiores es el verdadero despertar. Y, más aún, es percibir que cada búsqueda, cada angustia espiritual, cada anhelo por algo mayor es, en verdad, el eco de su llamado — una convocación a la reintegración.

Si el dogma sofocó esta verdad, fue solo por miedo a su potencia transformadora. Un alma que reconoce su conexión directa con la inteligencia divina no puede ser aprisionada por fórmulas exteriores. Un alma que entiende que su redención no depende de mediadores, sino de su propio alineamiento interior con el flujo luminoso de los Aeones, no es manipulable. Esta verdad liberadora fue borrada de los textos oficiales, pero preservada en silencio por corrientes esotéricas que, siglo tras siglo, guardaron esa llama invisible hasta que hubiese almas listas para recordarla.

Ahora, esa llama fue colocada en tus manos. ¿Qué harás con ella? ¿Cerrar este libro y volver al confort de las certezas superficiales o seguir adelante, explorando los territorios sagrados de tu propio ser? Porque el verdadero conocimiento — la Gnosis — no reside en teorías o creencias. Pulsa en el corazón de la experiencia directa, en la disolución de las fronteras entre lo que consideras divino y lo que consideras humano. Los Aeones no son entidades externas que debes venerar. Son principios internos que debes despertar.

El retorno al Pleroma — ese campo luminoso de plenitud divina — no es un destino distante. Es una reconexión íntima. No se trata de un lugar fuera de ti, sino de una realidad oculta por capas de creencias limitantes y de auto-olvido. Cada meditación sincera, cada contemplación profunda, cada cuestionamiento verdadero disuelve un poco de esa separación ilusoria. Cada vez que reconoces en ti mismo un eco de la luz primordial, das un paso en dirección a esa reintegración.

Recuerda: tu alma no nació en el tiempo. Es anterior a él. Fue lanzada a la materia por un desdoblamiento cósmico, pero su esencia permanece intacta, en resonancia eterna con las fuerzas espirituales que sostienen el cosmos. No eres solo un individuo aislado — eres una célula consciente del propio cuerpo divino. Cada aprendizaje, cada despertar, cada reconocimiento de esa conexión es una expansión del propio universo, que solo existe plenamente cuando sus partes se reconocen como parte del todo.

Lo que fue ofrecido aquí no es un sistema cerrado de creencias. Es un recordatorio. Una contraseña perdida. Un código sutil inscrito en las capas profundas del alma humana, esperando el momento cierto para ser leído y descifrado. Este momento llegó para ti.

La jornada, sin embargo, no se cierra aquí. Ningún libro puede contener la totalidad de la experiencia divina. Ninguna doctrina puede aprisionar el movimiento constante de la revelación. Lo que has recibido es solo una antorcha encendida. El camino a seguir — interior y cósmico — depende de lo que harás con esa luz.

Permítete continuar. Permítete deconstruir y reconstruir tus certezas. Permítete ser guiado no por autoridades externas, sino por las intuiciones silenciosas que fluyen de tu propia conexión con los Aeones.

Porque la verdad no puede ser dada — solo puede ser recordada.
Y ahora, resuena en ti.
Att. Luiz Santos Editor

www.ingramcontent.com/pod-product-compliance
Lightning Source LLC
LaVergne TN
LVHW041918070526
838199LV00051BA/2655